内蒙古肉羊产业发展报告

（2023年）

侯建昀　刘永斌　公娜　著

中国农业出版社
北　京

图书在版编目（CIP）数据

内蒙古肉羊产业发展报告. 2023 年 / 侯建昀，刘永斌，公娜著. -- 北京：中国农业出版社，2024. 5.
ISBN 978-7-109-32028-4

Ⅰ. F326.33

中国国家版本馆 CIP 数据核字第 2024F8S401 号

中国农业出版社出版

地址：北京市朝阳区麦子店街 18 号楼
邮编：100125
责任编辑：刘昊阳
版式设计：王　晨　　责任校对：吴丽婷
印刷：中农印务有限公司
版次：2024 年 5 月第 1 版
印次：2024 年 5 月北京第 1 次印刷
发行：新华书店北京发行所
开本：787mm×1092mm　1/16
印张：6.5
字数：160 千字
定价：88.00 元

目　　录

第一章 肉羊产业发展现状

第一节 世界畜牧业发展趋势

世界范围内，畜牧业发展呈现出明显的分化态势：发展中国家肉奶产品生产和消费均快速增长，而发达国家则是消费保持稳定，产量呈缓慢下降趋势。以美国和澳大利亚为例，近20年，美国畜牧业发展整体呈现下降趋势，牛羊存栏量都有不同程度的下降；澳大利亚肉羊产业发展保持稳定，肉牛养殖波动较大。

一、世界畜牧业生产和消费趋势

发展中国家畜牧业生产和消费均快速增长。畜牧业是发展中国家增长最快的农业产业之一，在农业生产总值中的占比已超过1/3，且还在持续增长。受需求端因素，如人口增长、城市化加快和收入增长等影响，1975—2001年，世界人均禽肉、猪肉、牛肉和奶类消费量分别增加了35.9、4.0、3.2和1.7个百分点。发展中国家猪肉消费量占世界的份额由36%上升至54%，奶类消费由24%上升至45%；发达国家中，美国人均肉类消费量已达到124千克，而世界平均消费量为38千克。由于需求快速上升，发展中国家肉类产量已由20年前的4 500万吨增加到13 400万吨。

发达国家畜牧业消费保持稳定，产量呈缓慢下降趋势。发达国家畜牧业生产和经营已形成一个庞大的商业网络，占农业生产总值的比重达到53%左右，但是畜牧业生产和消费的增速已明显放缓。在消费端，人口增长缓慢及市场饱和度高导致在过去的30年中，发达国家人均肉奶消费量增速不到0.5%；在生产端，发达国家鸡肉和猪肉产量仅增长了1%，草食性牲畜肉类产量下降了7%（表1-1，表1-2）。

表1-1 1980—2015年发展中国家肉类消费和生产情况

消费端	1980 年	1990 年	2002 年	2015 年
人均肉类年消费数量（千克）	14	18	28	33
人均奶产品年消费数量（千克）	34	38	46	57
肉类消费总量（万吨）	4 700	7 300	13 700	19 100
奶类消费总量（万吨）	11 400	15 200	22 200	33 000
人均肉类产量（万吨）	1 400	1 800	2 800	3 300
人均奶类产量（万吨）	3 500	4 000	5 000	6 200

（续）

生产端	1980 年	1990 年	2002 年	2015 年
肉类总产量（万吨）	4 500	4 300	13 400	19 000
奶类总产量（万吨）	11 200	15 900	24 400	35 900

数据来源：世界银行工作报告，下同。

表 1-2　1980—2015 年发达国家肉类消费和生产情况

	项目	1980 年	1990 年	2002 年	2015 年
消费端	人均肉类年消费数量（千克）	73	80	78	83
	人均奶产品年消费数量（千克）	195	200	202	204
	肉类消费总量（万吨）	8 600	10 000	10 200	11 300
	奶类消费总量（万吨）	22 800	25 100	26 500	27 800
生产端	人均肉类产量（万吨）	7 500	8 200	8 000	8 500
	人均奶类产量（万吨）	30 000	30 100	26 600	2 700
	肉类总产量（万吨）	8 800	10 300	10 500	11 600
	奶类总产量（万吨）	35 200	37 800	34 900	36 900

总体来看，未来肉奶产品需求将不断上升，会对畜牧业生产产生深远影响。发达国家畜牧业生产技术进步，特别是产肉率上升，对畜牧业增长的贡献越来越大，牲畜规模将进一步下降，发展中国家的牲畜规模则持续增加。2010—2050 年，世界肉羊产量将从 21.34 亿只增加到 27 亿只（图 1-1）。

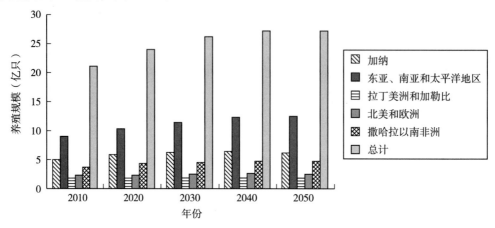

图 1-1　2010—2050 年全球主要地区绵羊和山羊养殖规模

价格方面，肉类和奶制品价格预计将进一步上涨，其中既有谷物等原料价格上涨的原因，也有需求持续上涨的因素。

二、发达国家畜牧业发展趋势

1. **美国**　美国近 20 年畜牧业发展整体呈现下降趋势。2000—2021 年羊肉产量总体下降，由 2000 年的 11.58 万吨下降到 2021 年的 7.35 万吨，下降 36.5%。其中 2005—2011 年出现较大波动，2018—2019 年再次出现产量小高峰，其余各年均表现出不同程度的下降（图 1-2）。

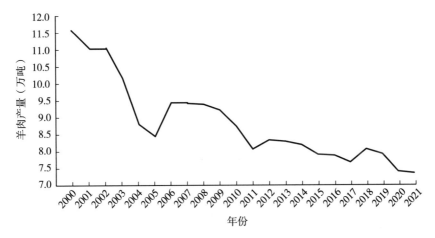

图 1-2　2000—2021 年美国羊肉产量
（数据来源：联合国粮食及农业组织。）

美国牛肉产量整体发展趋势较为稳定，其中 2015 年产量达到最低点，为 1 081 万吨，其余各年产量均保持在 110 万～120 万吨。

综上，美国牛羊存栏量整体呈现下降趋势，其中 2004—2008 年羊存栏量出现小幅度增长，此后均保持下降走势，由 933.2 万只下降到 775.6 万只，降幅为 16.89%。

2. **澳大利亚**　澳大利亚肉羊产业发展总体较为稳定，肉牛养殖波动大。2000—2021 年，羊肉产量维持在 65 万吨左右，2011 年产量达到最低点，为 54.49 万吨，2014 年后产量均在 70 万吨以上，2021 年稍有下降，环比下降 5%（图 1-3）。2000—

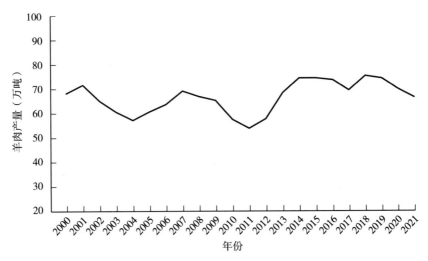

图 1-3　2000—2021 年澳大利亚羊肉产量
（数据来源：联合国粮食及农业组织。）

2012 年牛肉产量总体稳定，此后出现较大波动，并于 2015 年出现第一个峰值，达 266 万吨，2017 年产量为 206.8 万吨，两年间降幅达 22.4%。2021 年产量最低，为 193 万吨。

综上，澳大利亚的牛羊肉存栏量整体呈现下降趋势，其中羊存栏量由 12 045 万只下降到 7 198 万只，降幅高达 40.24%。

第二节　中国肉羊产业发展现状

一、羊肉价格整体呈下降趋势，但仍处于高位运行

根据农业农村部监测数据，截至 2023 年 9 月，全国羊肉集贸市场平均价格从 83.88 元/千克下降至 78.16 元/千克，降幅达 6.8%。与 2022 年同期相比，全国羊肉集贸市场月度平均价格（以下简称羊肉价格）也均有不同程度的下降，其中 4 月下降幅度最小，其他月份最高降幅达到 4.9%，羊肉价格整体呈现下降趋势（图 1-4）。

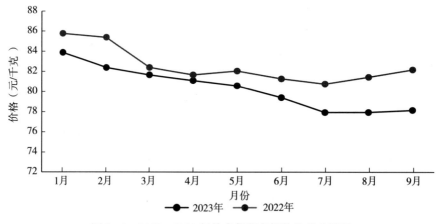

图 1-4　2022—2023 年羊肉集贸市场价格变动情况

（数据来源：农业农村部监测数据。）

二、羊肉市场供给稳定增长

2023 年，国家继续实施肉牛肉羊增量提质项目，一方面促进了羊肉产业的发展，另一方面确保了肉羊存栏稳定增长。据国家统计局数据：2023 年一季度全国羊出栏 7 427 万只，同比增长 4.7%；羊肉产量 111 万吨，同比增长 5.0%。二季度末，全国羊存栏 33 367 万只，同比增长 0.9%。从供给来看，肉羊产业生产保持稳定，上半年羊存栏量同比增加 0.9%，市场供给持续增加。

三、羊肉进出口逐渐增加

2019—2022 年，受新冠疫情影响，全球羊肉生产和贸易状况不佳。经国务院批准，自 2023 年 1 月 8 日起，解除对新型冠状病毒感染采取的《中华人民共和国传染病防治法》规定的甲类传染病预防、控制措施，新型冠状病毒感染不再纳入《中华人民共和国国境卫

生检疫法》规定的检疫传染病管理。在此背景下，我国进出口贸易逐渐回暖，有序恢复常态，2023年上半年，我国羊肉进口整体趋势较为稳定，1—6月累计进口量为23.39万吨，同比增长23.7%，进口额为10.10亿美元，同比下降13.7%，主要进口来源国为新西兰和澳大利亚，其中从新西兰进口的羊肉数量占进口总量的56.5%，从澳大利亚进口的羊肉数量占进口总量的39.2%。2023年上半年出口总量下降态势明显，1—6月累计出口量为694.06吨，同比增长19.3%，出口额为812.67万美元，同比增长15.6%，主要出口中国香港地区（图1-5）。

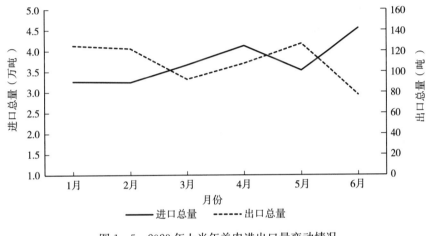

图1-5 2023年上半年羊肉进出口量变动情况
（数据来源：农业农村部监测数据。）

第三节 肉羊产业发展展望

根据《经合组织-粮农组织2021—2030年农业展望》，羊肉市场在一些国家是利基市场，在另外一些国家的膳食中被认为是优质食材，展望期内全球羊肉消费量预计将增加到1 800万吨，占肉类消费增量的5%。

羊肉产量的增长将主要来自中国、印度和巴基斯坦等亚洲国家，非洲特别是撒哈拉以南非洲的最不发达国家的羊肉产量也将大幅增加（图1-6）。尽管一些国家受到城市化、沙漠化和饲料供应的限制，但绵羊和山羊能很好地适应该区域的环境和当地粗放的生产系统。

对我国而言，畜牧业是关系国计民生的重要产业，是农业农村经济的支柱产业，是保障食物安全和居民生活的战略产业，是农业现代化的标志性产业。《"十四五"全国畜牧兽医行业发展规划》指出，要实施肉牛肉羊生产发展五年行动，坚持稳定牧区、发展农区、开发南方草山草坡的发展思路，推进农牧结合、草畜配套，牛羊肉自给率保持在85%左右，羊肉产量稳定在500万吨左右，肉牛肉羊养殖业产值达到9 000亿元。

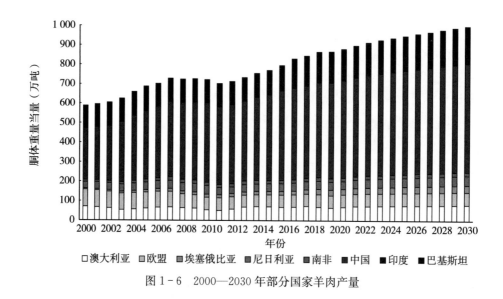

图 1-6　2000—2030 年部分国家羊肉产量

第二章 内蒙古肉羊产业发展趋势和特征

内蒙古是全国最大的肉羊饲养基地，拥有适宜的气候和肥沃的草原，为养殖肉羊提供了理想的环境。近年来，内蒙古肉羊养殖业发展迅速，产业规模不断扩大。截至2021年，内蒙古的肉羊存栏量已经达到7 430.2万只，羊肉产量也持续增加，达到了113.65万吨。同时，内蒙古的肉羊养殖方式也在不断创新，产品质量逐步提升。目前，内蒙古的肉羊产业已经成为农牧民提高收入的重要途径之一。

第一节 内蒙古肉羊产业发展趋势

一、肉羊产业规模不断扩大

1978年，内蒙古肉羊的饲养规模仅有2 860.5万只，到了2009年，已经达到7 210.8万只，肉羊的饲养规模不断扩大，羊肉产量在内蒙古肉类产量中占有非常大的比例。在全国范围内，内蒙古不论是肉羊的饲养规模还是羊肉产量，都位居全国第一位。从图2-1可以看出，从1994年开始，肉羊存栏数有较大幅度的增长，2016年，肉羊存栏数达到峰值。

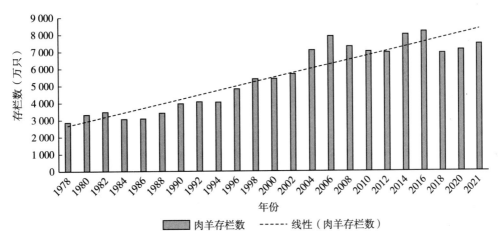

图2-1 1978—2021年内蒙古肉羊饲养规模
（数据来源：内蒙古统计年鉴。）

二、肉羊在内蒙古畜牧业中的比重逐渐增大

根据历年《内蒙古统计年鉴》整理 1978—2021 年的羊、猪、大牲畜存栏数数据，做出图2-2及图2-3。从图2-2可以看出，肉羊的增长速度远远超过了猪和大牲畜，尤其在 1994 年之后，迅速与其他牲畜拉开了距离。从图 2-3 可以看出，内蒙古肉羊存栏数历年比例稳定在 60%～80%。

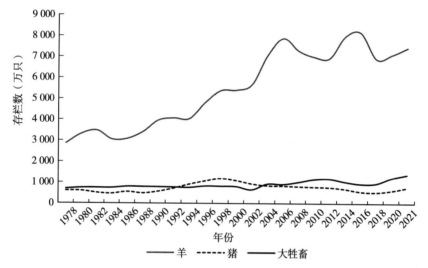

图 2-2　1978—2021 年内蒙古各种牲畜历年饲养规模

（数据来源：内蒙古统计年鉴。）

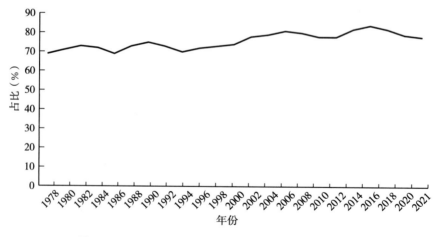

图 2-3　1978—2021 年内蒙古肉羊存栏数历年比例变化

（数据来源：内蒙古统计年鉴。）

三、肉羊产量持续增加

从表 2-1 可以看出，目前内蒙古肉羊数量稳步提高，截至 2021 年年底，羊年末存栏

数达到 6 138.17 万只，比 2000 年提高 2 586.57 万只。除肉羊数量大幅增加外，其产量也迅猛提升，从 2000 年的 31.82 万吨增加到 2021 年的 113.65 万吨，在内蒙古肉类总产量中的占比从 22.19% 上涨至 40.98%。然而，内蒙古肉羊产业发展还存在诸多问题，关于畜牧业的供给侧结构性改革任务比较繁重，养殖业生产成本需要降低，畜产品优质、安全及绿色的保障水准需要提高，畜产品的品牌建设需要加强，畜种结构、畜群结构、品种结构及产品结构也需要调整和优化。

表 2-1　内蒙古羊肉产量占肉类产量比重及年末存栏数

年份	肉类总产量（万吨）	羊肉产量（万吨）	羊肉产量在肉类产量的比重（%）	羊年末存栏数（万只）
2000	143.40	31.82	22.19	3 551.60
2001	149.58	32.57	21.77	3 515.91
2002	145.78	33.81	23.19	3 951.74
2003	162.72	45.32	27.85	4 450.14
2004	201.97	60.36	29.89	5 318.50
2005	229.91	72.44	31.51	5 419.99
2006	255.97	75.97	29.68	5 102.50
2007	206.47	80.83	31.51	5 064.20
2008	219.37	81.39	29.68	5 125.30
2009	234.06	88.23	39.15	5 197.20
2010	238.71	89.24	37.10	5 277.20
2011	237.48	87.24	37.70	5 276.00
2012	245.83	88.69	37.38	5 144.00
2013	244.90	88.80	36.74	5 239.21
2014	252.32	93.33	36.08	5 569.28
2015	245.71	92.79	36.26	5 777.80
2016	258.71	99.00	36.99	5 506.24
2017	265.16	104.13	37.68	6 111.93
2018	267.24	106.3	38.24	6 001.92
2019	264.56	109.8	41.34	5 975.89
2020	267.95	112.97	42.16	6 074.15
2021	277.32	113.65	40.98	6 138.17

数据来源：内蒙古统计年鉴。

第二节　内蒙古肉羊产业发展特征

一、内蒙古肉羊产业分布

肉羊产业在内蒙古全区 12 个盟（市）都有分布。从表 2-2 中可以看出，内蒙古自治区肉羊产业主要分布在巴彦淖尔市、兴安盟、锡林郭勒盟、赤峰市、呼伦贝尔市、鄂尔多斯市 6 个盟（市），其羊肉总产量占全区的 71.3%，年末存栏量占全区的 75.3%。

表 2-2　2021 年内蒙古自治区肉羊产业分布

盟（市）	年末存栏量（万只）	出栏量（当年出售和自宰肉用羊）（万只）	羊肉产量（吨）
呼和浩特市	201.6	322.9	54 734
包头市	272.2	460.3	78 014
呼伦贝尔市	670.6	582.3	98 691
兴安盟	769.1	841.7	142 660
通辽市	582.5	484.6	82 130
赤峰市	937.2	688.3	116 669
锡林郭勒盟	584.1	678.3	114 976
乌兰察布市	372.0	593.3	100 567
鄂尔多斯市	850.3	556.4	94 302
巴彦淖尔市	812.2	1 434.7	243 174
乌海市	9.3	15.9	2 700
阿拉善盟	77.2	46.8	7 931
全区	6 138.3	6 705.5	1 136 548

数据来源：内蒙古自治区统计局。

根据表 2-2 显示的数据，内蒙古的肉羊养殖业主要集中在蒙东地区，包括呼伦贝尔市、兴安盟、通辽市以及赤峰市，约占全区的 50%。而在这些地区，绵羊是主要的肉羊品种，这说明未来肉羊产业发展将会集中在蒙东地区，原因之一是该地区的地理位置优越，拥有广袤的草甸草原。另外，鄂尔多斯和巴彦淖尔的肉羊存栏量分别为 850.3 万只和 812.2 万只，约占全区的 27%。而这两个地区主要养殖的是山羊。内蒙古地区东西狭长，并且降水量存在差异，导致植被类型由草甸草原逐渐过渡到荒漠，因此，蒙东地区养殖绵羊更为适宜，而西部地区则更适合养殖山羊。

二、内蒙古肉羊主要品种

内蒙古肉羊可根据培育品种分为本地优良品种和外来引进品种。本地优良品种包括乌珠穆沁羊、苏尼特羊和呼伦贝尔羊，而外来引进品种则主要有多赛特羊、萨福克羊和德国美利奴羊。

1. **乌珠穆沁羊**　产于锡林郭勒盟东、西乌旗、阿巴嘎旗和锡林浩特市等。1986 年 10 月，内蒙古自治区人民政府将其验收命名为"乌珠穆沁羊"新品种，是内蒙古自治区著名的优良品种之一。成年公羊重约 84.9 千克，母羊体重约 68.5 千克，平均日增重 50～250

克，屠宰率 55.9%，产羔率 100.45%。

2. **苏尼特羊**　产于锡林郭勒盟东苏旗、西苏旗、乌盟四子王旗、包头市达茂旗及巴盟乌拉特中旗等，数量达 191.4 万只。1997 年，内蒙古自治区人民政府将其验收命名为"苏尼特羊"新品种，是内蒙古自治区著名品种之一。成年公羊平均体重 78.83 千克，母羊 58.92 千克，平均日增重 150～250 克，平均屠宰率 50.09%，净肉率 45.25%，产羔率为 113%。

3. **呼伦贝尔羊**　产于呼伦贝尔市新巴尔虎左旗、新巴尔虎右旗、陈巴尔虎旗、和鄂温克族自治区旗，数量 260 万只左右，也是内蒙古自治区产于呼伦贝尔大草原的著名品种之一。成年公羊平均体重 82.1 千克，母羊 62.5 千克，平均日增重 150～250 克，平均屠宰率 53.8%，净肉率 42.9%，产羔率为 110%。

4. **多赛特羊**　原产于澳大利亚和新西兰，具有早熟性好、生长发育快、全年发情、耐热、耐干旱等特点，是理想的生产优质肉杂羔父系品种之一。成年公羊体重 90～100 千克，母羊 55～65 千克，平均日增重 250～300 克，平均产污毛 2～8 千克，毛长 7.5～10 厘米，细度 48～58 支，屠宰率 54.5%，产羔率 130% 左右。内蒙古自治区自 1980 年开始多次引进该品种，目前主要集中在内蒙古自治区西部盟市生产基地。

5. **萨福克羊**　原产于英国东南部的萨福克、诺福克等地区，由英国古老的肉羊杂交育成，是理想的生产优质肉杂羔父系品种之一。成年公羊体重 90～100 千克，母羊 65～70 千克，平均日增重 250～300 克，平均产污毛 4～6 千克，毛长 6～7 厘米，细度 56～58 支，屠宰率 50% 以上，产羔率 130%～140%。内蒙古自治区从 1980 年开始多次引进该品种，目前主要集中在内蒙古自治区西部盟市生产基地。

6. **德国美利奴羊**　原产于德国，为肉毛兼用品种，具有早熟、生长快、产肉多、繁殖率高等特点。我国于 20 世纪 50 年代开始引进。成年公羊平均体重 100～140 千克，母羊 70～80 千克，日增重可达 300～350 克，屠宰率 47%～49%，平均剪毛量为 5～10 千克，毛长 9～11 厘米，细度为 60～64 支，产羔率 150%～250%。

三、内蒙古肉羊生产成本与利润

资料显示，内蒙古的肉羊饲养分为本地绵羊、改良绵羊和山羊三种类型。经过多年的观察发现，不论是绵羊还是山羊，总成本以及涉及物资和服务的费用在经历了几次波动后呈现下降的趋势，而这种波动性也在逐渐减弱，每一百只动物的人工成本以及雇工费用为 4 000～20 000 元。与此同时，利润的波动性相对较大。具体而言，2014—2016 年，利润处于较低水平，其中 2016 年每一百只山羊的净利润为 -52 046.62 元，创下了近十年来的最低纪录。

根据图 2-4 的数据，本种绵羊的总成本和雇工费用在 2012—2014 年保持平稳。然而，这些费用在 2015 年出现了显著上升，并在之后的三年呈现下降趋势，到 2018 年又出现了两年的短暂上升，最终在 2021 年明显下降，呈现出一个波动的 M 形趋势。2012 年，每百只绵羊净利润为 2 947.93 元，之后的 2013—2017 年连续五年都为负值。尤其是 2015 年，每百只绵羊净利润为 -44 048.8 元。从 2018 年开始，净利润重新出现正值，2021 年后更是呈现上升趋势。

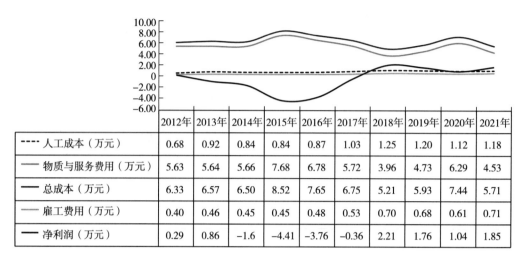

	2012年	2013年	2014年	2015年	2016年	2017年	2018年	2019年	2020年	2021年
---- 人工成本（万元）	0.68	0.92	0.84	0.84	0.87	1.03	1.25	1.20	1.12	1.18
—— 物质与服务费用（万元）	5.63	5.64	5.66	7.68	6.78	5.72	3.96	4.73	6.29	4.53
—— 总成本（万元）	6.33	6.57	6.50	8.52	7.65	6.75	5.21	5.93	7.44	5.71
—— 雇工费用（万元）	0.40	0.46	0.45	0.45	0.48	0.53	0.70	0.68	0.61	0.71
—— 净利润（万元）	0.29	0.86	-1.6	-4.41	-3.76	-0.36	2.21	1.76	1.04	1.85

图 2-4　2012—2021 年内蒙古每百只本种绵羊成本以及利润指标

（数据来源：全国农产品成本收益资料汇编，下同。）

如图 2-5 所示，改良绵羊的总成本和物质与服务费用在 2012—2017 年出现了一个上升、下降、再上升、再下降的趋势，形成了一个 M 形的曲线，而自 2016 年开始，这些费用呈现出了相对稳定的状态。净利润的波动相对较大，2013—2016 年，这些数值一直是负值，也就是生产组织一直处于亏损状态。其中，2014 年每百只绵羊的净利润达到了最低点，为 -37 566.32 元。2017 年，公司的净利润回到正值，2019 年达到最高水平，为 31 457.01 元。

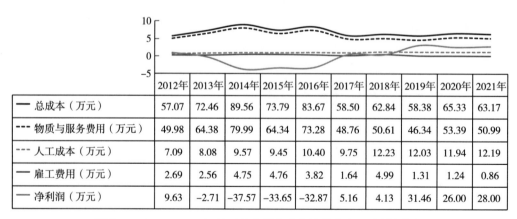

	2012年	2013年	2014年	2015年	2016年	2017年	2018年	2019年	2020年	2021年
—— 总成本（万元）	57.07	72.46	89.56	73.79	83.67	58.50	62.84	58.38	65.33	63.17
---- 物质与服务费用（万元）	49.98	64.38	79.99	64.34	73.28	48.76	50.61	46.34	53.39	50.99
---- 人工成本（万元）	7.09	8.08	9.57	9.45	10.40	9.75	12.23	12.03	11.94	12.19
—— 雇工费用（万元）	2.69	2.56	4.75	4.76	3.82	1.64	4.99	1.31	1.24	0.86
—— 净利润（万元）	9.63	-2.71	-37.57	-33.65	-32.87	5.16	4.13	31.46	26.00	28.00

图 2-5　2012—2021 年每百只内蒙古改良绵羊成本以及利润指标

由图 2-6 可以观察到，山羊产业的总成本和物质与服务费用大致呈现上升—下降—上升的走势，并在 2016 年和 2018 年达到峰值和谷值。净利润趋势则呈现下降—上升—平稳的态势，在 2016 年，净利润降至全区最低水平，每百只山羊亏损 52 046.62 元，之后两年收益开始回升，稳定在每百只山羊 10 000 元以下。

数据分析显示，内蒙古肉羊产业在 2012—2017 年成本较高，净利润相应为负值。这可能是因为资源缺乏、草原生态环境受到破坏、相关技术尚不成熟等。

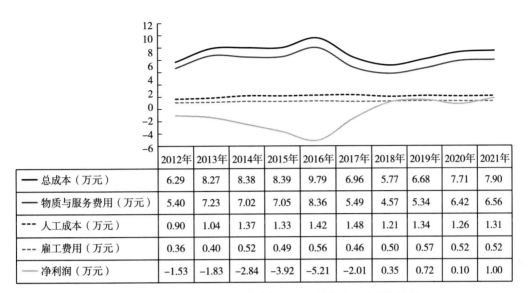

	2012年	2013年	2014年	2015年	2016年	2017年	2018年	2019年	2020年	2021年
—— 总成本（万元）	6.29	8.27	8.38	8.39	9.79	6.96	5.77	6.68	7.71	7.90
—— 物质与服务费用（万元）	5.40	7.23	7.02	7.05	8.36	5.49	4.57	5.34	6.42	6.56
--- 人工成本（万元）	0.90	1.04	1.37	1.33	1.42	1.48	1.21	1.34	1.26	1.31
--- 雇工费用（万元）	0.36	0.40	0.52	0.49	0.56	0.46	0.50	0.57	0.52	0.52
—— 净利润（万元）	−1.53	−1.83	−2.84	−3.92	−5.21	−2.01	0.35	0.72	0.10	1.00

图 2-6　2012—2021 年内蒙古每百只山羊成本以及利润指标

第三章　2022—2023 年内蒙古肉羊产业发展状况和趋势

内蒙古东西跨度大，气候截然不同，由此孕育出不同品种、口感的肉羊，是我国主要的肉类供应地。2022—2023 年，内蒙古羊肉产量占全国羊肉产量的比例不断降低，但仍居全国首位，羊出栏量与存栏量也显著提升，未来内蒙古羊肉供给潜力巨大。另一方面，全区羊肉产量不断提高，但人均羊肉消费量呈下降趋势，羊肉供给大于需求，导致羊肉价格在近两年持续走低。自 2021 年起，内蒙古自治区积极响应"十四五"规划，推动农牧业高质量发展，建设大型养殖场、草料库、青贮池，完善农牧业基础设施，全区肉羊产业向着现代化、绿色化、规模化发展，为提升当地农村牧区经济收入和乡村振兴、脱贫攻坚起到了积极作用。

第一节　2022—2023 年内蒙古肉羊产业发展状况

一、内蒙古肉羊产业分布广、品种多样

内蒙古肉羊产业分布于内蒙古全区，主要集中在巴彦淖尔市、兴安盟以及锡林郭勒盟，羊肉品种资源丰富。内蒙古的肉羊养殖大多是以家庭为单位的粗放养殖，机械化、标准化水平较低，但总体上肉羊养殖规模较大，东、中、西三个地区的经济发展都不同程度地依赖于肉羊产业。内蒙古东西跨度大，形成了截然不同的气候，不同的气候又孕育出了不同口感、品种的肉羊。比较典型的代表是内蒙古东部较为湿润的呼伦贝尔草原，孕育了呼伦贝尔羊；中部的锡林郭勒较为干燥，孕育出乌珠穆沁羊和苏尼特羊；西部的鄂尔多斯属于荒漠草原，孕育出阿尔巴斯白绒山羊。另外，四子王旗的杜蒙羊肉、达茂旗的羊肉也在内蒙古肉羊产业中占有一席之地。内蒙古全区几乎都有养殖肉羊的条件，使内蒙古成为全国主要的肉类供应基地，每年的肉羊产量稳居全国首位，还有很多享誉全国的羊肉品牌，如小肥羊、额尔敦、草原兴发等。图 3-1 为 2022 年内蒙古各盟（市）的羊肉产量占全区的比重。

可以看到，内蒙古肉羊产业主要集中在蒙西和蒙东，蒙中占比相对较少。近两年，各盟（市）羊肉产量占全区总产量的比例基本稳定。其中，巴彦淖尔市 2022 年羊肉产量占全区羊肉产量的 22.05%，较上年有所上升；同时，可以注意到，2022 年兴安盟地区的羊肉产量占比较上年有所下降，从 12.55% 下降至 11.55%。

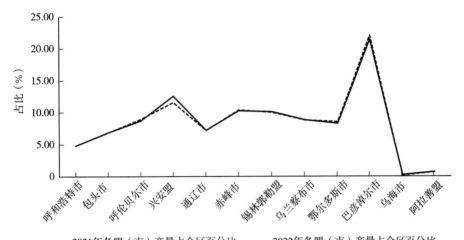

图 3-1 2021—2022 年内蒙古各盟（市）羊肉产量占全区比重
（数据来源：内蒙古统计年鉴 2023。）

二、内蒙古肉羊产量在全国稳居首位

近两年，全国肉羊产量总体平稳，略有上升。2022 年，内蒙古肉羊产量略有下降，但占比仍居全国首位，每年约占全国产量的 1/5，是全国唯一一个肉羊产量超百万吨的省份，产量约为第二名新疆的两倍。2021 年、2022 年，全国肉羊产量分别为 514.08 万吨、524.53 万吨，其中内蒙古肉羊产量分别为 113.65 万吨、110.25 万吨，占全国肉羊产量的比重分别为 22.1％、21％。2022 年，该比重比 2021 年略下降 1.1％，但总体上对内蒙古全国肉羊供应的龙头地位没有影响。2022 年上半年、2023 年上半年，全国羊肉产量分别为 211.81 万吨和 222.81 万吨，同比上升 5.1％。其中，2023 年上半年，内蒙古羊肉产量为 37.8 万吨，同比增长 7.8％，增长幅度高于全国产量的增长幅度，总产量仍居全国首位，其肉羊养殖大区的优势更加凸显。

三、肉羊存栏量、出栏量持续性增长

近两年，内蒙古草原牧区羊养殖规模逐渐扩大，肉羊存栏量、出栏量持续增长。2021 年及 2022 年年末，内蒙古羊存栏量分别为 6 138.17 万只和 6 124.1 万只，两年的羊存栏数量波动不大，整体略有下降。2023 年上半年，内蒙古羊存栏量为 6 725.9 万只，比 2022 年年末增长了 9.83％。2022 年上半年内蒙古羊出栏量为 6 123.9 万只，2023 年上半年出栏量为 6 938.7 万只，同比增加 3.3％。羊存栏量和出栏量显著增加，肉羊供给潜力不断增强。

四、羊肉价格有所下降，波动趋于平稳

整体来看，2023 年上半年羊肉价格低于 2022 年全年，波动幅度明显缩小。截至 2023 年 8 月，内蒙古去骨羊肉月度平均价格明显低于 2022 年同期。2022 年内蒙古羊肉平均价

格为 40.31 元/斤①，两个季度羊肉平均价格为 40.79 元/斤；2023 年前两个季度羊肉平均价格为 39.2 元/斤，同比下降 3.9%（图 3-2）。2022 年羊肉价格一直处于高位，主要原因是在疫情封控下，羊肉供应不足，市场需求得不到满足。2023 年年初疫情结束，羊肉市场供求趋于稳定，羊肉价格回落，2023 年第一季度的羊肉价格与 2022 年同期差距较大，第二季度差距逐渐收紧。2022 年全年月均羊肉价格波动幅度较大，而就 2023 年上半年羊肉月均价格来看，波动幅度小于 2022 年。2022 年 1—7 月，羊肉价格呈持续下降态势，最高降幅达到 2.5%，7 月后羊肉价格趋于平稳。就前 8 个月来看，2023 年 2—5 月整体呈增长态势，最高增幅为 2.1%，5 月过后逐月下降，最高降幅为 1.4%。

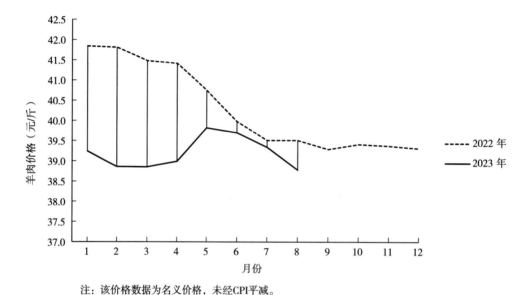

注：该价格数据为名义价格，未经CPI平减。

图 3-2 2022—2023 年内蒙古羊肉月平均价格
（数据来源：内蒙古自治区人民政府。）

第二节 2022—2023 年内蒙古肉羊产业发展趋势

一、肉羊产业向着现代化、集中化、规模化发展

自 2021 年起，内蒙古自治区为响应"十四五"规划，积极推动区内畜牧产业向现代化、集中化、规模化发展，主要通过强化政策支持，以科技为支撑，因地制宜，推广普及先进的生产技术，促进牧区零散养殖户的现代化经营水平。具体措施有以下几点：

第一，集中建设有乡村特色的养殖场，引导支持牧民扩大养殖规模，同时开展社会化服务项目，联合各科研部门，形成以畜牧业专业服务组织为骨干、多种经济成分共同参与的多层次、多渠道服务体系，为肉羊牧户提供牲畜育种、疫病防控的重点帮扶，切实满足牧民扩大养殖规模，绿色化、规模化养殖的现实需求。

---

① 斤为非法定计量单位，1 斤＝0.5 千克。——编者注

第二，建立共用草料库、青贮池。"十三五"期间，全区共建成牲畜暖棚 776.3 万平方米、储草棚 215.08 万平方米、青贮窖 142.32 万立方米，有效保障了大规模扩张的肉羊产业对过冬肉羊的圈养和饲养需求。

第三，大力提升肉羊产业化水平。依托呼伦贝尔、锡林郭勒两大天然草原和通辽、赤峰、鄂尔多斯等肉羊优势产区，坚持按产业链建设需求配置供应链和创新链，着力上规模、打品牌、强基础，沟通上下游产业，推动畜产品加工业由初加工向高附加价值深加工转变，培育发展出一批市场信誉好、知名度高、竞争力强的优质品牌。

第四，完善畜牧基础设施。不断加强牧区棚圈、储草棚、人畜饮水井等基础设施设备，有效提高饲草储备能力和牲畜存活能力，进一步提高草地畜牧业的综合效益。

二、羊肉供给能力稳步提升

随着羊养殖规模的逐渐扩大，内蒙古羊存栏量、出栏量持续增长，羊肉供给能力进一步提升。2023 上半年，内蒙古羊存栏量 6 725.9 万只，羊只数量增长明显；羊出栏量 6 938.7 万只，同比增长 3.3%，进入市场销售的羊只数量有较大增长。

三、羊肉消费需求呈下降趋势

近两年，肉类产品出现供过于求的情况，消费不足，羊肉人均消费量呈下降趋势。2021 年和 2022 年，全国居民人均羊肉消费量分别为 1.4 千克、1.39 千克；内蒙古居民羊肉人均消费量分别为 7.1 千克、6.56 千克。可以看到，无论是全国还是区内的人均羊肉消费量均呈现下降趋势。伴随着全国羊肉产量的上升，肉羊养殖规模不断增加，供给不断增长，但居民人均羊肉消费量却呈下降趋势，需求端动力不足，进一步导致羊肉价格持续走低。

第四章 内蒙古肉羊产业投入产出效率和影响因素分析

第一节 内蒙古肉羊产业总产值

2021 年，我国人均羊肉消费量达 1.4 千克，羊肉消费总量达 550 万吨。2012—2021年，内蒙古自治区肉羊总产值由 860.336 9 万元增长到 1 438.585 0 万元，增长了 67.2%，虽然在 2015 年有所下降，但总体呈现上升趋势（图 4-1）。

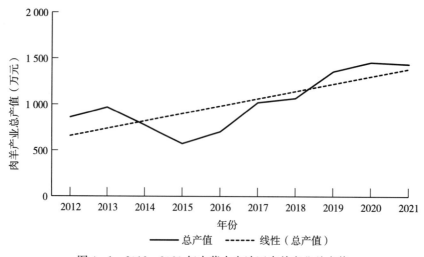

图 4-1 2012—2021 年内蒙古自治区肉羊产业总产值

这一时期产值增加的主要原因是出售价格涨幅明显。全国肉羊价格自 2015 年下半年开始迅速增长，在 2021 年年初达到顶点，从 57.11 元/千克涨至 86.03 元/千克。这一阶段，我国居民收入水平大幅提升，居民肉类消费结构升级，对羊肉的消费需求总量上升，加之受非洲猪瘟疫情的影响，猪肉产能下降，羊肉与猪肉之间的替代效应推动羊肉消费增加，价格增幅明显。

此外，随着天气的转凉，牛羊肉季节性消费也在同时增加。养殖成本，尤其是人工、基建、防疫、水电的费用不断上升，也助推了价格水平的上涨（表 4-1）。

表 4 - 1　2012—2021 年内蒙古自治区肉羊产业投入产出情况

年份	2012	2013	2014	2015	2016	2017	2018	2019	2020	2021
人工成本（万元）	112.111 5	157.725 2	174.180 0	162.290 0	192.631 0	209.022 5	215.327 1	226.630 3	216.759 9	230.123 7
草料成本（万元）	713.906 2	943.205 4	997.191 3	1 017.907 1	1 181.233 1	835.221 5	608.799 4	707.795 3	874.889 4	743.518 7
可变成本（万元）	1 591.060 8	1 920.298 3	2 035.423 3	2 008.299 7	1 454.467 7	1 723.085 2	1 496.633 0	1 122.967 7	1 984.601 3	1 163.407 0
固定成本（万元）	0.122 7	0.134 5	0.114 7	0.116 1	0.132 4	0.133 9	0.120 8	0.134 2	0.148 8	0.159 9
总产值（万元）	860.336 9	966.729 0	776.442 3	573.283 0	702.995 2	1 021.238 3	1 068.415 7	1 359.803 0	1 456.766 2	1 438.585 0
投入产出比（%）	1.849 5	1.986 5	2.621 6	3.503 4	2.069 1	1.687 4	1.400 9	0.825 9	1.362 4	0.808 8

数据来源：全国农产品成本收益资料汇编，下同。

相比于甘肃、新疆等地区，内蒙古肉羊产业的产值增加迅猛，且近十年来与其他地区的差距越拉越大。2020 年，与甘肃的肉羊产值差额达到了 1 086.905 4 万元（图 4 - 2）。

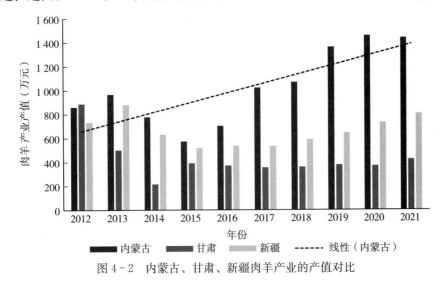

图 4 - 2　内蒙古、甘肃、新疆肉羊产业的产值对比

造成肉羊产业差异的原因是财政支出。首先，可以通过改善基础设施、提升肉羊养殖技术等方式优化肉羊产业发展环境。其次，财政支出可以推动肉羊产业相关的科技研发及推广应用，提高环境资源利用率，推动肉羊产业动能转换，降低肉羊养殖户和养殖企业的运行成本，最终实现肉羊产业快速发展。内蒙古的草场颇多，环境资源利用率较高，提高了肉羊产业的效率。

基础设施越完善表明交通情况越好，交通密度是基础设施的重要体现，能降低生产资料及肉羊产品的流通成本，促进肉羊产品的市场流通。基础设施的完善是肉羊产业实现机械化、规模化、现代化的前提。

第二节　内蒙古肉羊产业的成本投入

2012—2021 年，内蒙古肉羊产业的人工成本投入呈现上升趋势。由于科技不断进步，农产品生产逐渐向机械化、自动化发展，所以越来越需要高质量的技术型工人，相应的人工成本逐年增加（图 4-3）。

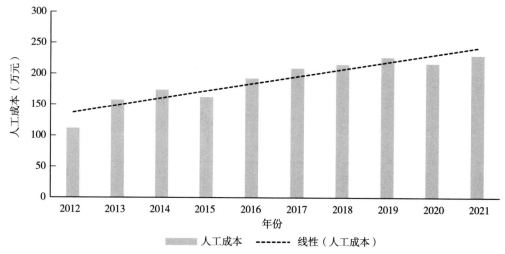

图 4-3　2012—2021 年内蒙古自治区肉羊产业人工成本投入

2012 年以来，内蒙古自治区肉羊产业的草料成本投入呈下降趋势。这是因为内蒙古根据当地气候，种植了适合羊类食用的草料，如苜蓿、饲草等，其生长周期短、产量高、营养丰富，可以降低草料成本的投入（图 4-4）。

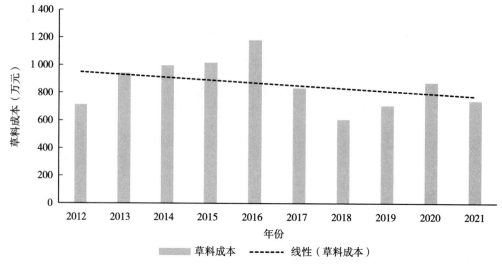

图 4-4　2012—2021 年内蒙古自治区肉羊产业草料成本投入

内蒙古自治区肉羊产业的可变成本也呈现下降趋势。可变成本包括原材料、消耗的水电费、销售费用等，在一定条件下，可变成本会与肉羊产业的业务量呈线性依赖关系。自2014 年以来，可变成本总体呈下降趋势，导致内蒙古肉羊产业在同一价格水平下的产量增加（图 4-5）。

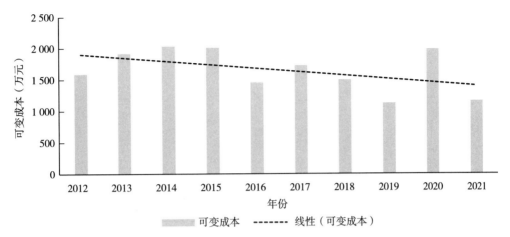

图 4-5　2012—2021 年内蒙古自治区肉羊产业可变成本投入

2012—2021 年，自治区肉羊产业的固定成本投入有小幅增加（图 4-6）。

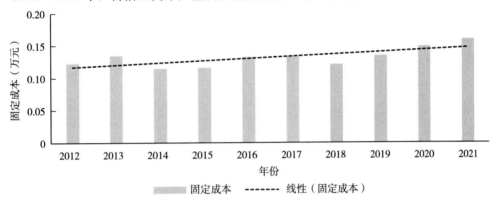

图 4-6　2012—2021 年内蒙古自治区肉羊产业固定成本投入

1. **经济环境变化**　经济环境的变化会影响企业的固定成本，如物价上涨、汇率变动等，都会导致企业固定成本的变化。

2. **技术变化**　技术的发展会改变企业的生产方式，从而影响企业的固定成本。

3. **管理变化**　企业的管理变化也会影响企业的固定成本，如企业改变了管理模式，会使企业的固定成本发生变化。

4. **市场变化**　市场的变化也会影响企业的固定成本，如市场需求变化、竞争力变化等，都会使企业的固定成本发生变化。

5. **政策变化**　政府的政策变化也会影响企业的固定成本，如政府出台新的税收政策、补贴政策等，都会影响企业的固定成本。

第三节　内蒙古肉羊产业的投入产出比率

内蒙古自治区肉羊产业的投入产出比率呈现递减趋势。2012—2021 年，内蒙古自治区肉羊产业的投入产出比率逐年减小，其比值越小，表明其经济效果越好（图 4-7）。

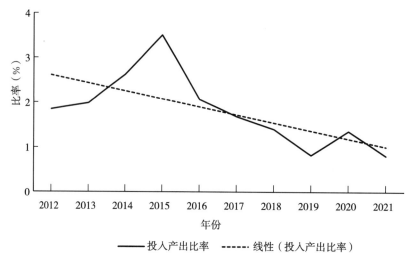

图 4-7　2012—2021 年内蒙古自治区肉羊产业的投入产出比率

对比 2012—2021 年内蒙古、甘肃、新疆等地的投入产出比率，可以很明显地看出，内蒙古肉羊产业的投入产出比率普遍比甘肃、新疆等地区高（图 4-8）。且就整体来讲，新疆地区的肉羊产业的投入产出比较低，说明新疆地区肉羊产业的经济效益高，而内蒙古地区相对较差。这是由地理环境和生态因素导致的。

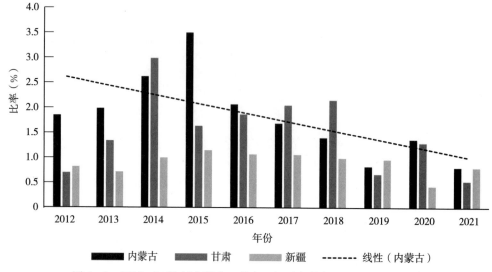

图 4-8　2012—2021 年内蒙古、甘肃、新疆肉羊产业的投入产出比率

第四节　内蒙古肉羊产业的影响因素分析

一、生态因素

羊的生长、发育、繁殖、疫病发生等受生态因素影响，主要包括气温、湿度、光照、季节、海拔、地形、土壤等。

1. **气温**　在自然生态因素中，气温是影响最大的生态因子。

（1）适宜温度：8～20℃。

（2）容易掉膘的温度：<-5℃。

（3）不利的低温：<-44℃。

（4）不利的高温：≥25℃。

2. **湿度**　高温高湿环境下，羊体散热困难，更易引起热应激，有利于微生物和寄生虫的繁殖，容易造成羊的各种疾病，特别是腐蹄病和寄生虫病。

3. **光照**　一般来说，羊为短日照动物。光照会影响羊的内分泌，特别是激素的分泌，其发情、排卵、配种、产仔、换毛等都受光周期变化的影响。

4. **季节**　肉羊生产具有鲜明的季节性和周期性。在散养型肉羊生产的投入结构中，饲草投入受季节性影响大，冬春季节以打草和外购饲草为主，夏秋季节以野生牧草为主。因此，季节性因素会影响肉羊的竞争力。

二、经济因素

市场需求、交通贸易区位等经济因素同样也会限制或者促进肉羊的生产和布局。

1. **市场需求**　消费需求规模的扩大和结构升级是经济增长的根本动力，关系到生产活动的可持续性。市场需求是决定生产和投资的主要因素，生产布局要顺应市场需求。

2. **交通贸易区位**　交通是联系地理空间中社会经济活动的纽带，决定了空间相互作用的深度与广度。交通贸易区位因素主要通过改变运输成本、交易成本等途径影响肉羊的生产和布局。

3. **比较经济效益**　比较经济效益高的行业，收入也较高，会吸引更多的农牧民参与养殖。

4. **消费市场的远近**　消费市场的远近对区域布局也有重大影响，布局在消费地有利于运输成本的下降和产品销售。

三、技术因素

1. **生产技术水平的提高**　科学技术是促进区域经济发展的重要因素。新品种的选育及改良有利于提高肉羊的个体生产性能；新技术、新方法在肉羊养殖中的运用有利于提高劳动生产率，提高羊肉的产量和质量，增强竞争力。

2. **养殖历史及养殖经验**　养殖历史悠久的地区往往积累了丰富的经验，养殖基础好，养殖业也比较发达。

3. **从业人员素质的高低**　专业技术人员的技术水平、创新能力以及从事养殖生产人员的素质，也是影响养殖业发展的一个重要因素。

4. **储运、加工技术水平**　农产品保鲜、加工、储运等技术可以提高农产品的附加值和整体效益，为农业产业化经营提供技术保证。

内蒙古大部分肉羊养殖业仍采用传统放牧方式，缺乏现代化管理和科技支撑，导致生产效率低下。此外，内蒙古肉羊产业混合生产体系尚未形成。杂交育种对于提高羊肉品质和产量具有重要意义，但目前内蒙古地区缺乏科学、规范、可持续的杂交技术体系，直接影响了肉羊产业的整体竞争力。另一个影响内蒙古肉羊产业发展的重要因素是有用资源保护不力。由于草场资源过度利用、环境污染等，草场退化加剧，生态环境恶化，影响了肉羊产业的可持续发展。

四、市场因素

在品牌发展方面，内蒙古肉羊生产相对薄弱，虽然有一系列知名品牌，但就品牌带来的效益而言，整体上劣于宁夏、新疆等地。内蒙古肉羊企业、肉羊品牌的产品以生鲜肉品加工为主，品种单一，没有完备的熟食及小产品生产线，保鲜期和货架期短，品牌溢价能力低，肉羊品牌企业微利，也限制了企业在市场上的占有率和销售规模。此外，内蒙古肉羊品牌缺乏有效的广告渠道，影响了品牌形象的发展和传播能力。今后，内蒙古肉羊品牌建设工作仍需持续推进。

第五章　内蒙古肉羊产业竞争力分析

第一节　波特钻石模型

在现代经济发展进程中，畜牧业越来越成为农业经济的核心产业，能够有效推动农村经济的发展与改革。在人们生活水平提高的同时，养羊户的养殖技术也在不断提高。作为畜牧业核心的生产要素，肉羊行业的健康发展对经济社会的发展有着不可替代的作用。

一、生产要素状况分析

生产要素可分为初级生产要素和高级生产要素。初级生产要素指自然资源，如气候条件、交通设施等；高级生产要素指经过加工后得到的资源，如高级技术管理人员和经过改造的设备等。对于内蒙古而言，初级生产要素优势明显，牧草资源极其丰富，而通过农业生产产生的秸秆等农业产品也能够为肉羊产业提供良好的饲养条件。内蒙古肉羊产业的高级生产要素主要有肉羊养殖繁殖技术、生产管理技术、熟练的劳动力等。先进的生产要素决定了肉羊产业集群的持续竞争力水平。近年来，政府实施的退耕还林还草政策有利于内蒙古肉羊产业的发展。内蒙古还加大了对新优品种的引进、选育、繁殖和推广力度，在全区建设了 50 多个现代化养羊场，年可供羊 3 万多只。目前，绵羊良种覆盖率提高到90％，肉羊良种供应能力提高到 85％。此外，内蒙古的基础设施建设明显增加，铁路连接四面八方，公路四通八达，计算机网络通信和信息检索也更加发达。这些现代化生产的必要条件为内蒙古肉羊产业的发展创造了有利的环境。

二、需求状况分析

波特十分强调本地顾客的需求对企业发展的重要作用。因为高素质的国内消费者可以激发本国企业改进生产设备，提高企业的服务，推动国内企业的竞争力。对于肉羊产业来说，目前普遍存在着用劣质肉类或者其他家禽肉类来欺骗消费者的现象，一些羊肉店以次充好。因此，应充分发挥政府监管职能，加大监管力度，保护消费者权益。

三、相关支持产业

在许多产业中，相关支持性产业和优势产业是一种休戚与共的关系。在肉羊产业体系中，与肉羊健康安全和草场养护有关的产业会对整个肉羊产业的发展产生非常大的影响。

四、企业战略结构和竞争对手

本国市场的竞争可以让国内企业提高效率、降低成本，提高其参与国际竞争的能力，反过来，促使其成为更好的企业。钻石模型的两个重要影响因素是机会和政府。机会是可遇而不可求的，会影响四大要素发生变化。波特指出，对企业发展而言，形成机会的可能情况大致有几种：基础科技的发明创造；传统技术出现断层；外因导致生产成本突然提高（如石油危机）；金融市场或汇率的重大变化；市场需求的剧增；政府的重大决策。机会是双向的，往往在新的竞争者获得优势的同时，原有的竞争者优势丧失，只有能满足新需求的厂商才能有发展"机遇"。政府在提高产业的竞争力中起到为企业提供所需资源、创造发展的环境等责任。从政府对四大要素的影响看，政府对需求的影响主要是政府采购，但是政府采购有严格的标准，采购程序要有利于竞争和创新。在形成产业集群方面，政府并不能无中生有，但是可以强化它。政府保护会延缓产业竞争优势的形成，使企业停留在缺乏竞争的状态。

第二节　肉羊产业竞争力评价指标的选取

通过对波特钻石模型的分析，本研究将一级指标分为四种：产业需求条件竞争力，相关产业竞争力，产业战略结构竞争力和综合竞争力。这四项指标对肉羊产业竞争力分析起着至关重要的作用。

一、产业需求条件竞争力

1. **农村人均消费**　农村人均消费指的是农村居民用于满足日常生活消费的支出。这项指标可以反映出农村居民具体的消费情况，从而帮助我们判断农村居民的消费能力。

2. **农村人均可支配收入**　农村人均可支配收入是指农村居民可用于最终消费支出和储蓄的总和，是农村居民一年的可消费收入，减去成本和个人所得税等，可以用来衡量农村居民实际收入水平和消费潜力。

3. **城镇居民可支配收入**　城镇居民可支配收入反映了城镇居民的可消费收入。

4. **人口**　可由大到小，进一步细化农村居民人口，计算农村人口对消费的贡献。

5. **城镇食品烟酒消费支出**　城镇食品烟酒消费支出反映了当地居民收入中用于消费食品和烟草与酒类的支出。

6. **农村居民家庭平均食品支出**　农村居民家庭平均食品支出反映了农村居民家庭在食品方面的支出。

二、相关产业竞争力

1. **羊肉产量**　羊肉产量充分显示该产业的生产力及效率。
2. **牧业产值**　牧业产值是整个省份的畜牧业的总产业产值。
3. **羊出栏量**　羊出栏量是同一时期内售出或宰杀的羊只数。
4. **羊存栏量**　羊存栏量反映了同一时期肉羊待宰杀数。
5. **青饲料播种面积**　青饲料播种面积是指用于喂养牲畜的饲料的种植面积。

三、产业战略结构竞争力

1. **猪肉产量**　猪肉产量能够直接反映猪肉产业的生产力。
2. **牛肉产量**　牛肉产量体现了牛肉产业的生产力。
3. **羊肉产量占肉类产量的比重**　从统计年鉴中检索出羊肉产量与总产量，两者之比即羊肉产量占肉类产量的比重。对于内蒙古来说，羊肉的出栏量稳居全国前列，是羊肉出口大省，羊肉出口量占全国羊肉产量的近五分之一。
4. **牛存栏量**　牛存栏量是同一时期内售出或宰杀的牛只数。
5. **猪年底存量**　猪年底存量是同一时期猪的存活数。

四、综合竞争力

综合竞争力是将产业需求条件竞争力、相关产业竞争力和产业战略结构竞争力中的所有变量集中到一起，通过计算每种变量对总评价指标的贡献率以及变量的估计系数，得出总评分。在本文中，要对全国 31 个省份的总评分进行排序，得出省域间肉羊产业综合竞争力的排名顺序。

第三节　肉羊产业省域间竞争力分析

一、产业需求条件竞争力分析

将农村人均消费，农村人均可支配收入、城镇居民可支配收入和人口作为主成分进行分析，KMO 为 0.798，大于 0.6，可以进行主成分分析。省域间肉羊产业需求条件要素的综合得分及排名见表 5-1。

表 5-1　省域间肉羊产业需求条件要素的综合得分及排名

省域	综合得分	排名	省域	综合得分	排名
上海	6.240 4	1	河北	1.507 1	17
北京	5.732 5	2	海南	1.456 1	18
浙江	5.252 3	3	黑龙江	1.248 2	19
天津	3.681 2	4	河南	1.248 1	20
江苏	3.646 9	5	吉林	1.241 6	21
广东	2.948 0	6	广西	1.175 9	22
福建	2.879 7	7	宁夏	1.078 7	23
山东	2.017 4	8	陕西	1.034 7	24
内蒙古	1.927 7	9	新疆	0.982 3	25
湖南	1.904 0	10	青海	0.914 1	26
湖北	1.886 0	11	云南	0.860 3	27
辽宁	1.785 1	12	山西	0.841 1	28
安徽	1.772 2	13	西藏	0.782 4	29
重庆	1.673 6	14	贵州	0.665 5	30
四川	1.632 2	15	甘肃	0.416 7	31
江西	1.567 7	16			

在产业需求条件竞争力的排名中，内蒙古排在第九，前五名分别是上海、北京、浙江、天津、江苏。在几个主成分变量中农村人均消费，农村人均可支配收入、城镇居民可支配收入对产业需求条件竞争力的影响达到 98.95%，而人口对产业条件竞争力的影响只有 1.05%。这说明前三个变量对主成分分析起着至关重要的作用。

二、相关支持产业竞争力分析

将国家统计局数据中的牧业产量和羊肉产量的数据纳入主成分进行分析，KMO 检验得出的数值为 0.829，大于 0.6，适合进行主成分分析。省域间肉羊相关支持产业竞争力的综合得分及排名见表 5-2。

表 5-2　省域间肉羊相关支持产业竞争力的综合得分及排名

省域	综合得分	排名	省域	综合得分	排名
内蒙古	36.662 128	1	西藏	4.856 923 5	17
新疆	22.703 773	2	陕西	4.700 974 1	18
四川	11.757 25	3	辽宁	4.645 909 3	19
山东	11.544 497	4	江苏	4.081 795 4	20
河北	11.281 436	5	重庆	4.014 070 2	21
甘肃	10.663 336	6	广西	3.241 776 4	22
云南	10.046 591	7	江西	3.204 975 7	23
河南	9.965 741	8	吉林	3.138 315	24
湖南	7.848 023	9	广东	2.616 824 7	25
青海	6.464 508 1	10	浙江	1.967 937 7	26
贵州	6.087 261	11	福建	1.915 494 3	27
宁夏	6.071 961 5	12	海南	1.603 503	28
安徽	5.729 651 3	13	天津	1.555 020 5	29
黑龙江	5.712 319 2	14	北京	1.509 332 5	30
湖北	5.132 426 8	15	上海	1.407 358 4	31
山西	4.868 887 1	16			

由表 5-2 可以看出，省域间相关支持产业竞争力的前十名分别为内蒙古、新疆、四川、山东、河北、甘肃、云南、河南、湖南和青海。其中，内蒙古的相关产业结构竞争力排在第一名，从这点我们可以看出，内蒙古自治区除了在肉羊产业方面有一定优势以外，在牛肉产业和猪肉产业都有着一定的优势，这也从侧面反映出内蒙古的畜牧业体系较为完备。

三、产业战略结构的竞争力分析

收集猪肉产量、牛肉产量，羊肉产量占肉类产量的数据，利用主成分分析法对主成分变量进行分析，得出 KMO 检验的数值为 0.62，大于 0.6，可以进行主成分分析。省域间肉羊产业战略结构竞争力的综合得分及排名见表 5-3。

表 5 - 3 省域间肉羊产业战略结构竞争力的综合得分及排名

省域	综合得分	排名	省域	综合得分	排名
四川	20.573 331	1	广西	10.478 74	17
内蒙古	18.889 56	2	江西	9.244 288	18
河南	18.768 574	3	宁夏	8.074 432	19
云南	18.125 072	4	安徽	7.899 462	20
山东	17.962 09	5	广东	7.847 954	21
河北	15.176 93	6	陕西	6.799 204 3	22
新疆	14.741 405	7	重庆	6.652 199 7	23
湖南	14.449 249	8	山西	5.944 522 9	24
黑龙江	13.847 104	9	江苏	5.933 106 7	25
青海	12.030 043	10	福建	4.916 591 1	26
西藏	11.932 777	11	浙江	4.121 793 2	27
甘肃	11.713 756	12	海南	4.053 943	28
吉林	11.603 963	13	天津	3.798 098 9	29
贵州	11.348 68	14	北京	3.445 952 4	30
辽宁	11.063 341	15	上海	3.106 506 9	31
湖北	10.957 331	16			

通过分析表 5 - 3 可以得知，省域间产业战略结构竞争力的前十名分别为四川、内蒙古、河南、云南、山东、河北、新疆、湖南、黑龙江和青海。其中，内蒙古的产业战略结构竞争力排名为第二名，说明内蒙古自治区的肉羊产业结构规划和政策扶持水平较高，很适合发展肉羊产业。

四、综合竞争力分析

对综合竞争力的 23 个指标进行主成分分析，KMO 检验的数值为 0.817，大于 0.6，能够进行主成分分析。省域间肉羊综合竞争力的综合得分及排名见表 5 - 4。

表 5 - 4 省域间肉羊综合竞争力的综合得分及排名

省域	综合得分	排名	省域	综合得分	排名
河南	14.149 232	1	江西	6.097 892 7	17
山东	14.103 863	2	吉林	5.796 849 2	18
四川	13.018 04	3	贵州	5.686 240 1	19
内蒙古	11.522 051	4	上海	5.192 231 3	20
广东	10.858 545	5	福建	4.889 836 1	21
黑龙江	10.722 913	6	重庆	4.599 629 4	22
江苏	10.325 374	7	陕西	4.528 630 8	23
河北	10.229 071	8	北京	4.495 157 2	24
湖南	10.172 453	9	甘肃	4.029 979 9	25
湖北	9.091 583	10	山西	3.506 105 8	26
云南	8.996 597	11	天津	2.726 254 9	27
安徽	8.373 38	12	青海	1.557 348 4	28
新疆	7.746 096	13	西藏	1.519 153 7	29
浙江	6.935 968 4	14	海南	1.519 066 9	30
辽宁	6.906 488 6	15	宁夏	1.146 606 8	31
广西	6.557 358 5	16			

从表 5 - 4 可以看出，在近年来的肉羊产业综合竞争力排名中，内蒙古排在第四位，前十名分别是河南、山东、四川、内蒙古、广东、黑龙江、江苏、河北、湖南和湖北。通过分析可以看出，农村人均消费、农村人均可支配收入，城镇居民可支配收入对综合竞争力的影响占 84.55%，也从侧面反映出收入和消费对综合竞争力的影响是至关重要的。

从上述分析中可以看出，基于波特钻石模型理论，在产业需求条件竞争力中，内蒙古排到了第九位，处于全国中上等水平，其中影响其竞争力得分情况的主成分是农村人均消费、农村人均可支配收入和城镇居民可支配收入，这几项对于竞争力的贡献率达到 98.95%。因此，要从人们消费羊肉的角度去考虑如何提高内蒙古肉羊的竞争力。应努力提高居民收入、刺激消费，同时将羊肉向自治区外销售，以达到推广的目的，增加需求量。

在综合竞争力排名上，内蒙古排在第四位，综合竞争力较强。其中，产业需求条件起着决定性作用，尤其是居民收入和消费，对综合竞争力起到 84.55% 的影响，说明内蒙古在加大生产要素投入的同时，也要注重对其他要素，特别是对产业需求要素的投入与使用。

第四节　内蒙古肉羊竞争力提升路径

一、良好的外部环境有利于产业集群的健康发展

提高肉羊产量和质量，增强市场竞争力，打造内蒙古肉羊品牌：①给予政策和资金支持；②加强基础设施建设；③加强对内蒙古肉羊品牌的广告宣传；④政府需要进一步完善肉羊市场信息的收集和发布制度，及时为农牧民提供产销信息，主管部门加强对肉羊市场的分析、预测，指导农牧民的生产和经销活动。

二、加强基础研究，培育和引进新品种，持续提升肉羊增产潜力创新机制

积极开展与区内外院校、科研单位的合作，尽快培养和建立一支高水平的肉羊产业研究队伍，对内蒙古肉羊进行全面的基础研究。在肉羊新品种方面，要培育和引进并举。建立肉羊种羊良种繁育体系，未来进行品种引进时，要以高效优质为原则，少而精，优先采用购买精液和胚胎的策略。充分发挥品种改良站和人工授精站的功能与作用，充分利用优良肉用种羊的冷冻精液，提高良种普及率。

三、优化调整肉羊结构，提高羔羊肉的比重

紧随市场需求变化，肉食品加工企业要直接面对市场，调整羊肉加工结构，增加羔羊肉比重，根据市场需求大力推动羔羊肉产业发展，同时不断拓展农村牧区市场。传统畜牧业向现代畜牧业的转变需要一个过程，要利用市场价格导向，逐步转化农牧民的饲养方式，推广羔羊育肥技术。

四、培育现代营销网络与流通体系

运用现代物流配送等先进方式，逐步引导整合现有产品营销组织，组建内蒙古肉羊系列产品营销配送集团。鼓励和支持企业或个人在全国各地设立多种形式的营销网点，建立营销网络，扩大营销空间，保护品牌，开拓市场。积极争取肉羊产品进入期货交易市场，利用现代流通手段套利保值。扶持龙头企业"走出去"，到国外建立合作公司或窗口，使内蒙古肉羊走向全国、走向世界。

第六章 内蒙古自治区肉羊品牌
建设问题和提升策略

第一节 内蒙古肉羊品牌发展现状

近年来，国家大力推进乡村振兴战略，加之政府的引导和各大企业的积极参与，内蒙古农产品品牌建设取得了较大成效。但由于地方政府部门、企业对于农产品品牌建设工作没有一个较为统一的规划和设计，宣传效果并不理想，农产品品牌没有发挥出自身的优势。

截至 2022 年 8 月，内蒙古自治区申请注册的肉羊产品地理标志数量占地理标志总数的 15.38%，大力推进肉羊产业品牌建设，对现阶段扎实推进乡村振兴、帮助农民增收致富具有重要作用。

基于以上背景，本研究对内蒙古肉羊产业品牌建设进行分析，旨在找出当前内蒙古肉羊品牌建设中存在的问题，并提出实质性建议。

一、内蒙古地理标志肉羊品牌发展现状

1. **内蒙古地理标志肉羊品牌总量及分布** 自国家开始登记保护地理标志农畜产品后，内蒙古自治区响应国家政策，申请登记保护的地理标志农畜产品数量不断增加，在地理标志产品中占重要地位。在肉羊产业方面，截至 2022 年 8 月，内蒙古自治区有超过 2/3 的盟（市）申请注册了肉羊产品地理标志，且年产量较为可观，规模也在逐渐扩大（表 6 - 1）。

表 6 - 1 内蒙古自治区肉羊产品地理标志产品名录（截至 2022 年 8 月）

序号	地域	产品名称	颁证日期	规模
1		固阳羊肉	2019/1/17	130 万只/年
2	包头市	土默特羊肉	2019/6/24	216 万只/年
3		达茂草原羊肉	2021/6/4	110 万只/年
4	兴安盟	兴安盟羊肉	2019/9/4	1 000 万只/年
5	通辽市	扎鲁特草原羊	2020/12/25	193 万只/年
6	赤峰市	昭乌达肉羊	2015/11/5	123.5 万只/年
7		巴林羊肉	2016/11/2	260 万只/年

（续）

序号	地域	产品名称	颁证日期	规模
8		苏尼特羊肉	2008/12/9	100 万只/年
9	锡林郭勒盟	乌珠穆沁羊肉	2008/8/22	380 万只/年
10		乌冉克羊	2013/12/30	110 万只/年
11	乌兰察布市	四子王旗杜蒙羊肉	2013/4/15	50 万只/年
12		四子王旗戈壁羊	2015/11/5	90.6 万只/年
13		鄂托克阿尔巴斯山羊肉	2014/5/22	145 万只/年
14	鄂尔多斯市	鄂尔多斯细毛羊	2008/11/3	40 万只/年
15		阿尔巴斯白绒山羊	2008/11/3	64.8 万只/年
16		杭锦旗塔拉沟山羊肉	2016/11/2	200 万只/年
17	巴彦淖尔市	河套巴美肉羊	2013/12/30	8.38 万只/年
18		巴彦淖尔二狼山白绒山羊	2018/2/12	163 万只/年
19	阿拉善盟	阿拉善白绒山羊	2011/8/17	110 万只/年
20		阿拉善蒙古羊	2020/4/30	40 万只/年

数据来源：内蒙古知识产权公共服务（产权）信息化系统（平台）。

2. **内蒙古地理标志肉羊品牌影响力与品牌保护**　内蒙古地理标志肉羊品牌在原产地外的影响力较弱，品牌效应相对较低。如乌珠穆沁羊肉和苏尼特羊肉这两个内蒙古地理标志肉羊品牌，羊肉品质高，是小肥羊等多家羊肉加工餐饮企业的原料用肉，但其市场知名度与小肥羊等企业品牌相比差距较大。同时，内蒙古对地理标志肉羊品牌的保护较弱，由于地理标志使用企业之间存在"搭便车"行为，个别企业生产销售品质差的地理标志肉羊产品，使整个区域的地理标志肉羊品牌形象受损。

二、内蒙古肉羊企业品牌发展现状

1. **国内肉羊行业企业品牌总水平**　国内肉羊企业品牌连续三年未能入围全球品牌研究院发布的《中国最具价值品牌 500 强研究报告》，由此可知，全国肉羊品牌龙头企业价值不突出，没起到很好的带头作用，肉羊企业品牌建设还有很长的路要走。

2. **肉羊企业品牌产品结构**　内蒙古肉羊企业生产的多为初加工产品，深加工产品相对较少，品牌附加值低。虽然近年来一些羊肉龙头企业强化研发，引进先进加工技术，研制出了一批精深加工的品牌羊肉制品，如蒙羊乳业、蒙都牛肉干等，但是由于内蒙古多数肉羊企业的生产加工能力较低，仍以生鲜肉品加工为主，品种单一，熟制品尚不足 20%，分割肉、小包装肉比例低，保鲜期和货架期短，品牌溢价能力低，导致企业微利。

3. **肉羊企业品牌市场定位**　内蒙古肉羊企业品牌多面向大众消费市场，线上销售定价处于中等水平，但由于地理位置的原因，销售时产生的运输费用较昂贵，利润空间被压缩。官方网店粉丝数较为可观，说明内蒙古羊肉品牌知名度处于中等偏上水平（表 6-2）。但由于羊肉种类较多，消费者在网上购物时难以准确分辨，因此，个别企业生产销售品质差的肉羊产品而使整个内蒙古自治区肉羊企业品牌形象受损的现象时有发生。

表 6-2　各大羊肉品牌线上主营产品定价

序号	品牌	所属省份	肉羊种类	带骨后腿肉价格/（千克）	原切羊排价格/（千克）	淘宝官方网店粉丝数/（个）
1	大庄园	黑龙江	新西兰羔羊 乌珠穆沁羊	87.5	97.6 97.5	10.0 万
2	涝河桥（LAOHEQIAO）	宁夏回族自治区	宁夏吴忠滩羊	98.9	90.6	287
3	宁鑫	宁夏回族自治区	宁夏盐池滩羊	135	145	6 727
4	杞乐康	宁夏回族自治区	宁夏滩羊	100	116.5	1.0 万
5	锡林之星	内蒙古自治区	苏尼特羊	108.3	141.6	1.5 万
6	阿牧特	内蒙古自治区	锡林郭勒羔羊	100	117.6	1.5 万
7	额尔敦	内蒙古自治区	乌珠穆沁羊	111.7	116.7	6.3 万
8	草之味	内蒙古自治区	苏尼特羊	135		452
9	三疆牧羊	新疆维吾尔自治区	阿勒泰大尾羊 南疆黑头羊	140 150	130 150	1 231

数据来源：淘宝网。

第二节　肉羊企业品牌化战略分析

梳理不同类型肉羊企业品牌化的形成路径和战略实施经验，对于羊肉企业品牌化的发展至关重要。本研究中的三个肉羊企业品牌化战略模式在内蒙古自治区具有较强的代表性，其经验对于肉羊企业品牌化发展具有一定的借鉴作用。

一、基于产业链后向延伸的小尾羊企业品牌化战略模式

2023 年 5 月 26 日，在呼和浩特举行的"内蒙古农牧业产业化高质量发展论坛暨内蒙古农牧业产业化龙头企业协会十周年庆典"活动中，小尾羊集团荣获"内蒙古优势产业集群（肉羊类）领军企业"称号。小尾羊的品牌建设较为成熟，它从创建餐饮品牌开始，后将产业链由餐饮延伸到屠宰加工业和肉羊养殖业，实现了企业业务范围沿着销、产、供方向的产业链后向延伸。在成长期，企业重点培育产品品牌，而产品品牌的发展又进一步促进了餐饮品牌的发展。在成熟期，小尾羊品牌化发展战略定位为实现产品品牌和餐饮品牌价值的全面提升（图 6-1）。

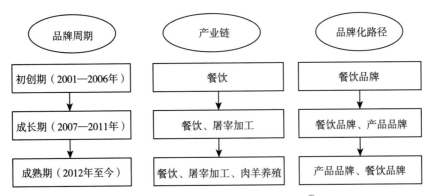

图6-1　小尾羊企业品牌化形成路径[①]

二、基于产业链前向延伸的蒙都企业品牌化战略模式

2022年6月，上海蒙太威投资有限公司与内蒙古欣都食品有限公司作为联合投资人对蒙都羊业进行重组，蒙都重整工作顺利完成。蒙都羊业品牌建设较为成熟，其发展始于肉羊养殖业，后将产业链延伸到屠宰加工业，又将产业链进一步延伸到餐饮业，实现了企业业务范围沿供、产、销方向的产业链前向延伸，并带动了餐饮品牌的发展，而餐饮品牌的发展又进一步促进了产品品牌的发展。在成熟期，蒙都将品牌化发展战略定位为打造羊全产业链领导品牌（图6-2）。

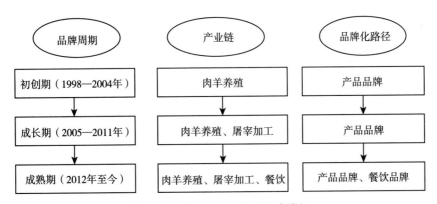

图6-2　蒙都企业品牌化形成路径

三、基于产业链关键环节的企业品牌化战略模式

2019年12月16日，蒙羊入选"农业产业化国家重点龙头企业名单"。蒙羊牧业的品牌建设是从肉羊养殖和屠宰加工两个肉羊产业关键环节开始的，重点创建和培育产品品牌，没有涉足餐饮品牌，体现了基于产业链关键环节的企业品牌化战略模式的特点。蒙羊的资本运作方式使用成本低、效率高，保障了企业现金流的稳定。该模式可能较难复制，

---

①　董谦. 中国羊肉品牌化及其效应研究［D］. 北京：中国农业大学，2015.

目前来看，蒙羊品牌的发展较为持久，其经验及启示值得思考（图 6-3）。

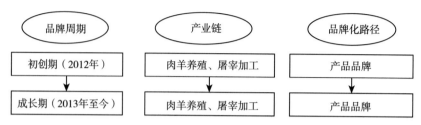

图 6-3　蒙羊企业品牌化形成路径

第三节　内蒙古肉羊品牌建设存在的问题

内蒙古自治区肉羊品牌发展受到品牌建设观念、品牌企业经营模式、品牌建设要素投入的影响。

一、品牌建设观念认知不足

品牌建设主体的思想观念是影响内蒙古肉羊品牌价值提升的首要原因。受传统农业生产方式和思想观念的影响，肉羊产业仍处在简单的生产和销售阶段，缺乏市场和品牌意识，导致品牌建设主体的品牌意识淡薄。农户由于一时看不到品牌建设的实际利益，存在不按标准化生产、不注重维护品牌形象的现象。企业在肉羊品牌化建设中存在一些认识上的误区：有些企业认为创品牌就是企业取个名字，然后注册，将品牌简单化；有些企业认为创品牌申请手续和管理要求复杂，是一个系统工程，将品牌复杂化。部分政府管理部门认为注册农产品商标就完成了品牌化，对肉羊品牌发展长效机制的建设考虑不够，缺乏总体规划和指导，品牌政策和推广活动缺乏连续性和整体性。

二、品牌企业经营模式选择不当

内蒙古多数肉羊餐饮经营企业主要采用以下两种企业经营模式：①直营连锁模式；②连锁加盟模式。这两种企业经营模式都有利于品牌的规范化、标准化和统一管理。直营连锁模式的服务管理质量更高，但在拓展市场和品牌推广的效果方面不如连锁加盟；连锁加盟虽然拓展市场和品牌推广的能力强，但服务管理质量参差不齐。为了开拓市场，我国多数餐饮企业在品牌建设初期采用连锁加盟的经营模式，比如曾经的民族品牌小肥羊，通过连锁加盟模式迅速提高了品牌知名度。但由于加盟者素质、服务以及管理质量参差不齐，损害了消费者的利益，同时也严重伤害了小肥羊品牌的美誉度。于是，小肥羊对其经营模式进行了调整，变为"以直营为主，规范加盟"，从而使企业稳定发展，品牌形象不断提升。

三、品牌建设要素投入不足

1. **人力因素**　近年来，伴随我国肉羊产业迅速发展，一大批优秀的企业家也在迅速成长。但品牌管理人才的缺乏极大制约了内蒙古肉羊品牌的进一步发展。

2. **资本因素**　与普通肉羊产品相比，品牌肉羊产品的创建需要企业投入较高的费用。

据调查，目前我国只有一些龙头企业能获得银行等金融机构的贷款以及政府相关项目的资金支持，而多数中小企业缺乏品牌建设资金，这在一定程度上也制约了其品牌建设的积极性。

第四节　主要政策思路

一、建立健全肉羊品牌发展政策保护支持体系，增强肉羊品牌发展的动力

肉羊品牌的发展需要政府的政策支持和保护。一是健全肉羊品牌保护相关政策法规。二是健全肉羊品牌发展金融扶持。通过政府担保贴息，利用政策性金融提供的有偿资金，为肉羊品牌的发展提供政策保证。对于强势肉羊品牌龙头企业，政府应引导其通过品牌融资、上市融资等多种渠道进行融资。三是健全肉羊品牌税收优惠政策。政府应通过实施税收优惠、减免所得税等措施，调动企业培育和经营肉羊品牌的积极性。

二、扶持龙头企业、规模养殖户和肉羊行业协会的发展，发挥其示范带动作用

肉羊品牌建设需要以规模生产为基础，应加强对龙头企业和养殖大户的扶持与培育。政府可以通过新建、扩建、并购、联合等方式培育一批产业化基础好、经济效益好、品牌信誉高的龙头企业，依托龙头企业和规模养殖户带动小农户，形成以利益为纽带、以品牌为载体的联结机制，降低双方交易成本，实现规模效益。同时，政府还应加大对肉羊行业协会的扶持，使其在肉羊品牌化建设中发挥好协调服务作用。

三、发展肉羊产业集群，培育强势肉羊区域品牌

与肉羊企业品牌相比，肉羊区域品牌具有公共物品属性，品牌为集体所有，所以单个肉羊生产经营企业缺乏品牌经营和推广的动力。政府可以通过不断引导，组织吸纳区域内更多利益相关主体加入肉羊品牌化建设，使区域内的生产经营者获得肉羊产业化集聚效应和协同效应，从而提高生产效率，降低交易成本，培育具有市场竞争力的强势肉羊区域品牌。

四、进行品牌定位，明确品牌建设方向

企业可以根据肉羊产品的品种特性、产地特性、技术特性等进行肉羊品牌的差异化定位，也可以结合传统的"羊文化"历史对肉羊进行精神和情感层面的定位，还可以针对一定区域内不同肉羊品牌的竞争导向，采取做行业"领头羊"、依附强势竞争者或填补市场空缺的策略找准企业定位。

五、合理运用品牌传播与品牌延伸方式，提高品牌知名度

目前，公共关系和电子商务在扩大肉羊品牌知名度和美誉度上的作用明显。在品牌延伸上，企业应重视实施品类品牌化策略，可以利用消费者对原有知名度高的肉羊品牌的偏好，通过延伸产业链条实施纵向一体化，或延伸产品链宽度实施横向一体化，培育新的肉

羊品牌、羊肉副产品或其他产品品牌，以实现多元化经营。

六、加强品牌肉羊养殖加工与销售技术的研发和推广，提升品牌肉羊产品品质和差异化

企业应进一步加大技术研发和推广的投入力度。在养殖环节，要注重提高肉羊繁育、饲养、饲草料生产、育肥、羊舍建设和羊病防治等方面的技术水平，推广时注重提高农户采用新的养殖技术的意愿，从源头上保障品牌肉羊的品质。在加工环节要注重提高屠宰加工企业的精深加工水平，促进标准化生产，注重标准化加工技术与中国肉羊消费方式的融合，以实现品牌肉羊产品分级，提高品牌附加值。在销售环节，企业应注重网络信息技术与冷链物流技术的同步发展，以实现品牌肉羊在销售上的差异化。

第七章 内蒙古肉羊不同养殖模式技术经济评价

第一节 现状及问题

基于优良的地理环境和养殖传统，内蒙古肉羊产量居国内首位，肉羊产业也得到政府的大力扶持。肉羊养殖规模是支撑肉羊产业发展并激发产业竞争力的基础条件之一。2010—2017 年内蒙古肉羊饲养规模见表 7-1。2010 年出栏 1 000 只以上的场（户）有703 个，2017 年增至 1 825 个，年出栏 1~29 只的场（户）从 1 191 915 个降至 548 047个。随着时间的推移，养殖规模由小到大的适度推进不仅可以减少饲养成本、提高养殖效率，同时可以推动肉羊产业的健康发展。

表 7-1 内蒙古肉羊饲养规模

单位：个

年份	年出栏 1~29 只场（户）数	年出栏 30~99 只场（户）数	年出栏 100~499 只场（户）数	年出栏 500~999 只场（户）数	年出栏 1 000 只以上场（户）数
2010	1 191 915	283 691	72 727	5 946	703
2011	1 024 007	276 365	70 998	7 348	811
2012	891 769	268 243	82 594	6 921	1 055
2013	819 413	270 390	93 082	6 981	1 139
2014	725 747	235 507	101 913	10 013	1 498
2015	636 281	227 695	128 856	10 028	1 655
2016	640 542	224 338	129 734	10 283	1 665
2017	548 047	223 229	125 772	8916	1 825

数据来源：2011—2018 年《中国畜牧兽医年鉴》。

内蒙古肉羊产业的养殖规模不仅有所扩大，养殖模式也由传统的饲养模式向标准化、专业化、生态化方向发展。2017 年，内蒙古种羊场达到 439 个，占全国种羊场总数的24.57%，其中种绵羊场 384 个、种山羊场 55 个，年末种羊存栏达到820 830只，能繁母畜存栏达到 539 416 只。

从养殖模式来看，经过一段时间经验的积累，内蒙古肉羊"合作社＋农户（牧户）"模式的优势开始显现出来，对内蒙古肉羊产业发展起到了推动作用。这种模式不仅可以提高组织化程度、优化资源配置，并且可以通过建立利益链接机制，增强利益主体的议价能力，调动养殖户的积极性，提高市场的竞争力。目前，内蒙古自治区正在进一步建立"企业＋农户"的养殖模式，通过发挥企业的领导作用推动肉羊养殖的不断优化，并已有一定成效。但与此同时，虽然肉羊产业建立了"合作社＋农牧户""龙头企业＋合作社（基地）＋农牧户"的养殖模式，但仍然存在肉羊养殖产业化程度低的现象，尤其是对于个体农牧户来讲，一家一户的养殖方式无法应对羊肉市场价格低迷的风险，对于中小型养殖场来说，羊肉市场的价格骤变也可能导致养殖场利润减少甚至出现亏损。

第二节　肉羊养殖模式

内蒙古地处海拔 900～1 300 米的蒙古高原地区，地势较为平坦，多为缓坡和丘陵。全区牧草品种众多，牧草生长环境各异。总体来看，内蒙古处于温带草原带，适合肉羊养殖。根据各地气候和土壤结构的不同，内蒙古自东向西可以分为草甸草原区、典型草原区、荒漠草原区和荒漠区。内蒙古草原面积 8 666.7 万公顷，主要包括呼伦贝尔草原、科尔沁草原、锡林郭勒草原、乌兰察布草原、乌拉特草原、鄂尔多斯草原六大草原。

依据不同地理和气候条件，内蒙古自治区肉羊产业采取不同的养殖方式。在草原资源较为丰富的地区，主要采取以草原放牧为主、饲料喂养为辅的生产方式；在草原资源相对较少的半农半牧区，多采用圈舍饲养的方式，以投放草料、精饲料的养殖方式为主（表 7 - 2）。

表 7 - 2　内蒙古肉羊养殖与生产布局

区域	类型	养殖方式	养殖品种
呼伦贝尔草原	草甸草原	以放牧养殖为主	蒙古羊、呼伦贝尔细毛羊、杜泊羊以及蒙古羊和杜泊羊杂交品种
科尔沁草原	毗邻东部饲料和粮食主产区	放牧和圈舍饲养相结合	蒙古羊、中国美利奴羊（科尔沁型）、科尔沁细毛羊、杜泊羊、小尾寒羊等
锡林郭勒草原	典型草原	以放牧为主	乌珠穆沁羊、苏尼特羊、内蒙古细毛羊、察哈尔羊
乌兰察布草原	典型草原，干旱半干旱气候	多采用圈舍养殖方式	适合圈舍养殖的品种，如杜泊、萨福克、德克赛尔、无角多赛特、小尾寒羊等
乌拉特草原	荒漠半荒漠草场	主要采取圈舍养殖方式	适合当地荒漠草原的滩羊、小尾寒羊等品种
鄂尔多斯草原	荒漠草原	以圈舍养殖为主	饲养山羊较多，主要品种为绒肉兼优型品种——阿尔巴斯白绒山羊

位于内蒙古自治区东部的呼伦贝尔草原是中国最大的天然草甸草原，可利用草场面积833.33万公顷，草资源丰富，地势平坦，属于典型的草甸草原，适于放牧型肉羊的养殖。除部分草场实行禁牧、休牧、轮牧外，大都采取放牧养殖方式，以草畜平衡为养殖标准，控制饲养量。养殖品种以蒙古羊、呼伦贝尔细毛羊、杜泊羊以及蒙古羊和杜泊羊杂交品种为主。

位于中东部的科尔沁草原草场面积小于呼伦贝尔草原，但其毗邻东部粮食主产区，粮改饲工作已全面取得成效，出于保护草原生态的目的，大部分草场按时间、空间禁牧休牧。这一地区采用放牧和圈舍饲养结合的养殖方式，养殖品种包含蒙古羊、中国美利奴羊（科尔沁型）、科尔沁细毛羊、杜泊羊、小尾寒羊等。

位于内蒙古自治区中部的锡林郭勒草原属典型草原，可利用草场面积1 780万公顷，是内蒙古肉羊的主要产地，养殖品种主要有乌珠穆沁羊、苏尼特羊、内蒙古细毛羊、察哈尔羊等。

中西部的乌兰察布属干旱半干旱气候，可利用草场面积较少。乌兰察布草原属典型草原，共有564万公顷草场可利用。但乌兰察布地区山地较多，山地草场多，放牧养殖难度较大，多采用圈舍养殖方式。养殖品种多为适合圈舍养殖的品种，如杜泊、萨福克、德克赛尔、无角多赛特、小尾寒羊等。

位于内蒙古自治区西部的乌拉特草原地处半荒漠区，可利用草场413.9万公顷，其中86.6%属于荒漠半荒漠草场。由于草场生态较为脆弱，当地长期开展禁牧和退耕还草工作。当地养羊主要采取圈舍养殖方式，养殖品种为适合当地荒漠草原的滩羊、小尾寒羊等。

地处内蒙古西部的鄂尔多斯属荒漠草原，可利用草场面积582万公顷。但由于当地气候干旱，植被自我修复能力较差，为了保护环境，减少土地沙化，养羊以圈舍养殖为主。鄂尔多斯以饲养山羊为主，特别是世界驰名的绒肉兼优型品种——阿尔巴斯白绒山羊，其羊绒被誉为"软黄金"，肉被誉为"肉中人参"。

第三节　肉羊品种

丰富的肉羊品种资源不仅可以满足消费者的多样化需求，还可以加大肉羊产业化开发力度。内蒙古自治区拥有优良的地方品种，助力草原畜牧业品牌优势，如小肥羊、草原金峰等龙头企业凭借乌珠穆沁羊、苏尼特羊、呼伦贝尔羊等肉羊品种，产品畅销国内外市场。从20世纪70年代开始，内蒙古积极培育肉羊新品种，并杂交改良形成大量的杂交羊后代，成功培育我国第一个肉羊新品种——巴美羊。目前，相关部门仍致力于引进国外肉羊进行杂交改良及新品种培育，例如，2016年呼和浩特引进1 154只南非美利奴种羊及1 129只澳大利亚种羊进行纯种扩繁、提纯复壮，生产高品质冻精，为改良内蒙古肉羊品质提供优质种源，为内蒙古打造绿色农畜产品生产加工输出基地发挥了积极作用。内蒙古肉羊品种及中心产区和分布见表7-3。

表 7-3　内蒙古肉羊品种及中心产区和分布

来源	品种	中心产区及分布
地方品种	蒙古羊	集中分布在锡林郭勒盟、乌兰察布市、阿拉善盟、巴彦淖尔市等地
	乌珠穆沁羊	产于锡林郭勒盟、鄂尔多斯市、兴安盟及通辽市
	呼伦贝尔羊	产于呼伦贝尔市，集中分布在呼伦贝尔市岭西地区
	苏尼特羊	中心产区为锡林郭勒盟、乌兰察布市四子王旗、包头市达茂联合旗和巴彦淖尔市乌拉特中旗
	乌冉克羊	中心产区在阿巴嘎旗的吉尔格郎图和伊和高勒苏木
	滩羊	目前主要集中在鄂尔多斯市
培育品种	巴美肉羊	中心产区在巴彦淖尔境内农区、半农半牧区
	昭乌达肉羊	中心产区为赤峰市大部分地区
	察哈尔羊	中心产区主要分布在锡林郭勒盟镶黄旗、正镶白旗和正蓝旗
引进品种	德国肉用美利奴羊	中心产区主要分布于锡林郭勒盟、赤峰市
	萨福克羊	中心产区主要分布在锡林郭勒盟、乌兰察布市、兴安盟、赤峰市、巴彦淖尔市
	德克赛尔羊	现阶段主要分布于通辽市
	杜泊羊	主要分布在乌兰察布市、兴安盟、包头市、巴彦淖尔市等地
	无角道赛特羊	分布于鄂尔多斯市、包头市等地
	小尾寒羊	我国肉裘兼用型绵羊品种，在全国各地都能饲养

第四节　肉羊饲养方式

一、饲养方式

内蒙古肉羊的饲养方式随地域而异：中西部地区主要为舍饲、半舍饲，东部地区则以传统放牧为主；农区和半农半牧区以舍饲、半舍饲为主，牧区以传统放牧养殖方式为主。内蒙古肉羊饲养方式主要有以下两种：

1. **放牧饲养方式**　内蒙古历来就是中国重要的畜产品生产基地，不仅具备独特而优越的自然资源条件，而且广大农牧民在生产生活中也积累了大量的生产经验，传统的放牧饲养方式已经融入当地农牧民的生活之中，成为草原文化的一部分。在放牧饲养方式中，羊放养于野外草原，冬春季在采食干草的同时，根据羊的体质进行不同的补饲。在牧区，大部分养羊户在 11 月到翌年 5 月间进行补饲，其中 12 月到翌年 4 月补饲的占一半以上。7—10 月这 4 个月则依靠采食野外鲜草。在此期间，肉羊会积累全年所需的绝大部分营养，供冬春季消耗。该饲养方式最大的优点就是成本低，但如果过度放牧，会导致草畜失衡，草场退化。

2. **舍饲饲养方式**　舍饲方式是指全年羊不出圈，在圈舍中育肥的生产方式。肉羊的舍饲喂养方式在内蒙古目前主要有两种：一种是夏秋季 7—10 月这 4 个月主要靠割鲜草饲喂，其余时间靠种植饲草发酵成的青贮饲料饲喂，目前该饲养方式占主导地位；另一种是全混合日粮饲养法，即 TMR 技术，就是将粗饲料粉碎，饲草打成草粉与精料混合饲喂，早晚各一次，全天自由饮水，提高草料的适口性，增加羊的采食量，以达到营养均衡供给、快速生长发育的目的。TMR 技术最早在国外被广泛应用于工厂化大型奶牛场，2001年，内蒙古乌兰察布市畜牧科学研究所率先对该饲养方式在肉羊养殖上的应用进行研究。2009 年 6 月 22 日，内蒙古乌兰察布市科技局组织专家委员会对该项科技成果进行了验收，并颁发了科技成果登记证书。TMR 技术是一种全新的舍饲肉羊养殖技术，在规模化肉羊育肥养殖方式中，对提高养殖经济效益、加快周转、缩短育肥期都具有非常重要的意义，目前该技术仅在内蒙古乌兰察布市、巴彦淖尔市等地区推广，有望在整个内蒙古地区的舍饲肉羊养殖中进一步普及。

此外，内蒙古肉羊饲养的一个显著特征就是小规模散养占有相当比例。在内蒙古的广大农区和半农半牧区，肉羊养殖大多以分散饲养的方式进行，每户饲养肉羊的数量不等，多则 10~20 只，少则 2~3 只。该饲养方式的特点是成本很低，但会导致肉羊营养不均衡，饲料转化率低，生产的羊肉质量难以控制，不适应现代肉羊产业的发展需求。

二、因地制宜、统筹发展

内蒙古自治区整体上可以分为农区、牧区和半农半牧区，不同的区域决定了不同生产要素的供给以及不同的肉羊饲养方式，因此，要因地制宜，提高肉羊产业竞争力水平。牧区的肉羊依靠天然的草饲料供给，有助于打造"绿色无公害"羊肉品牌，农区、半农半牧区的精粗青饲料供给较强，适合向半舍饲、舍饲的养殖模式转移，但在提高规模化养殖的同时也要注重肉羊品质。

1. **呼和浩特市**　作为区内首府，呼和浩特要在肉羊产业及相关产业的政策制度与标准细则上加以扶持和明确，加强对肉羊产品的安全监管，配备各类疫苗，推进动物疫病防控，提高内蒙古肉羊产业在市场上的竞争力。

2. **包头市**　包头目前主要存在的问题有以下两个：一是肉羊养殖科技水平整体落后，基础设施薄弱，规模经营偏小；二是在肉类加工业中，精加工、细加工水平不高。需要改善肉羊养殖基地环境，由地方政府出台优惠政策，安排专项资金，予以重点扶持。加快新型集约化、规模化硬件设施建设，加快新技术、新工艺、新品种的推广示范，提升产前、产中、产后衔接。

3. **呼伦贝尔市**　呼伦贝尔草场资源丰富，并先后培育、引进、改良了大量适应当地环境的优质肉羊品种，在内蒙古具有一定的产业资源优势。其主要问题：一是科学饲养水平低，饲料供给尚未统一，导致羊肉品质参差不齐；二是地处偏远，物流成本过高，市内冷链运输渠道不畅通。要加大科学饲养的力度，通过提升品牌形象，与政府、企业合作，形成利益共享机制，通过电商平台进行销售。

4. **兴安盟**　兴安盟具备特殊的地形，肉羊养殖以草地散养放牧为主，农牧户自有或租用草场，对羊进行自繁自育。其主要问题是缺少优势龙头企业引导，农牧民对肉羊集约化养殖的积极性不高。要积极引导农牧民改变固有观念，扩大养殖规模。

5. **通辽市**　通辽市尚未培育具有科尔沁草原地域优势的肉羊品牌，因此要积极开展肉羊品种培育，提高通辽市肉羊产品的形象，加大宣传力度。

6. **赤峰市** 在品种方面，虽已成功培育昭乌达肉羊新品种，且其中心产区集中在赤峰市，但并未得到大力推广。因此，要加大对昭乌达羊的宣传力度。

7. **锡林郭勒盟** 锡林郭勒盟有着相对丰富的肉羊品种，其中苏尼特羊良种场为国家级肉羊核心育种场，因此，要在肉羊品牌建设上继续加大力度。由于锡林郭勒盟牧区占大部分，因此在市场上要注意对不同羊种加以区分，让特色羊肉与育肥羊肉间形成价格差异。

8. **乌兰察布市** 乌兰察布市需要强化养殖业基础建设，加大养殖园区建设力度，加快转变畜牧业发展方式，稳定提升牧区生产能力。

9. **巴彦淖尔市** 全国首家羊畜产品电子交易平台就建立在巴彦淖尔市，作为区内的"羊都"，肉羊交易中心可以对羊肉价格起到指示器的作用。因此，要继续加大对交易中心的扶持力度并加以监管，同时，引导养殖户转变观念，通过科学饲养、绿色养殖来提高肉羊品质，向高端化发展。

10. **鄂尔多斯市** 独特的地形地貌决定了鄂尔多斯的山羊数量超过绵羊数量。这一方面说明鄂尔多斯市肉羊产业发展空间较大，同时也说明鄂尔多斯市应将重心转移到肉羊培育及改良上。

11. **阿拉善盟** 阿拉善盟地广人稀，草原草场面积大，草原牧草生产能力存在一定的差异，近年来又面临着草场退化等问题，使该盟肉羊产业乃至畜牧业的发展受到一定阻碍。因此，要及时转变肉羊产业发展思路。首先，要加强肉羊养殖基地建设，通过规模化养殖的方式减少养殖成本；其次，要加强肉羊饲草饲料供给水平，避免肉羊受草料供给不平衡的影响；最后，要吸纳龙头企业，通过农牧户与企业联合的方式保障肉羊养殖户获利。

第五节　提升策略

合理推进舍饲养羊模式，提高养殖效率。内蒙古肉羊养殖模式主要分为自然放牧模式、半舍饲模式、舍饲模式三种，养殖模式直接决定着肉羊养殖的规模化程度。由于近年来内蒙古自治区草原退化严重，自然放牧受阻，养殖模式逐渐向半舍饲化、舍饲化转移，但不可放弃内蒙古草地资源丰富这一竞争优势，要基于不同的模式进行集约化舍饲，不断提高养殖效率。对于自然放牧，要在保护草地资源的基础上关注肉羊产品质量，提高肉羊防疫能力，打造"绿色无公害"产品形象，适度储存草饲料以防自然灾害，同时可以与龙头企业合作，提高天然肉羊产品在市场上的议价能力。对于半舍饲和舍饲饲养，要提高农作物利用率和土地利用率，调整草饲料配方，提高羊肉品质，并对羊群进行分阶段饲养，实现精细化管理。

一、发展壮大龙头企业，规范合作经济组织

一要培育壮大龙头企业，积极引导和鼓励产业化龙头企业参与规模化、标准化建设，推进肉羊产业化经营、规模化生产，实现产供销一体化，形成养殖、深加工、物流配送一

条龙体系，进一步提高产业化水平。二要完善产业化经营机制，在现有的专业生产基地中不断完善"龙头企业＋基地＋农户""专业合作社＋农户＋市场""营销大户＋订单＋农户"等经营模式，前店后厂，降低成本，推广电子商务销售，提升产业化经营的质量和效益。

二、发展适度的规模化养殖

通过适度增加养殖规模的方式降低平均养殖成本及交易成本，既可以提升牧民的收益，又可为产业链提供稳定的羊源。建立健全品质改良、繁育体系，在品种改良、引进方面加大力度，在专业技术设备上加强投入，在技术服务工作上提高水平，在技术推广过程中加大服务面，构建具有较高专业素质的技术队伍，进而提高优质肉羊普及率，提升羊肉整体品质。加大畜牧业养殖补贴，降低牧户养殖成本、推动肉羊养殖规模化、提高肉羊生产良种化水平与政府部门的政策扶持息息相关。相关政府机构应完善畜牧业养殖补贴政策，通过提高牧户补贴金额的方式保证牧户的利润，提升牧户养殖积极性。另外，政府部门还应该建立价格保护机制，避免因肉羊养殖周期过长导致牧户无法及时根据市场需求的变动调整供给，进而造成损失。

第八章　内蒙古肉羊生产碳排放总量分析

第一节　研究背景

近年来，中国畜牧业飞速发展。在我国，畜牧业产值是农业总产值的关键组成部分，畜牧业在促进我国经济发展、提高生活水平和满足蛋白质需求等方面起到了重要作用。同时，牧民也依赖牲畜维持日常生存，获得额外收入和食物。但不能忽视的是，畜牧业的发展也带来了大量的碳排放，如甲烷和二氧化碳等，从碳排放的总体结构来分析，农业生产活动产生的碳排放量位于我国碳排放的第三位，其中农用地排放和动物肠道发酵等畜牧业排放量占农业碳排放的 60% 以上，这些排放对全球气候变化和环境造成了严重的影响。

一、内蒙古肉羊产业总体发展现状

作为我国居民日常消费的重要畜牧产品之一，羊肉在肉类生产和居民肉类消费结构中占有较大比重，过去 35 年，我国羊的存栏量增加了 66.03%。内蒙古自治区拥有我国最大的草原牧区，已成为全国重要的畜产品生产输出基地之一，因其自然资源优势，畜牧业不断稳健发展，养羊业更是当地的优势传统产业之一。现阶段，对于畜牧业来说，如何在保证经济增长的同时做到绿色发展，在"双碳"政策的背景下，积极走出一条低碳可持续发展的道路具有十分重要的意义。

二、研究对象与相关概念界定

1. **碳排放**　碳排放是对温室气体排放的总称或简称。温室气体中最主要的气体是二氧化碳，因此用碳（Carbon）一词作为代表。碳排放包括化石燃料燃烧，汽车尾气，工业生产、动物和人的生活排放，植物排放，笔者主要对内蒙古肉羊生产过程中的碳排放进行研究并做出评估。

2. **排放源界定**　当前内蒙古畜牧业传统养殖模式仍然占据主导位置，肉羊生产的碳排放主要有肠道发酵甲烷（CH_4）排放、粪便管理甲烷（CH_4）排放和粪便管理氧化亚氮（N_2O）排放。

肠道发酵甲烷排放是指动物在正常的代谢过程中，寄生在消化道内的微生物发酵消化道内饲料时产生的甲烷排放。肠道发酵甲烷排放只包括从动物口、鼻和直肠排出体外的甲烷。粪便管理甲烷排放是指在畜禽粪便施入土壤之前，在动物粪便贮存和处理中产生的甲烷排放。粪便管理氧化亚氮排放是指在畜禽粪便施入土壤之前，在动物粪便贮存和处理过程中产生的 N_2O 排放。

3. 温室气体排放的类型　N_2O 和 CH_4 是大气中温室气体重要的组成部分，对维持地球生态系统稳定有重要意义。N_2O 会吸收来自陆地的热辐射，并且能够减少地表释放到外层空间的热辐射，因此具有超高的增温能力，是 CO_2 的 265 倍。CH_4 作为另一种重要的温室气体，对大气的增温效应也较强，是 CO_2 的 28 倍。

第二节　数据来源与测算方法

本研究选用 2014—2023 年内蒙古自治区肉羊存栏数量作为统计数据，对内蒙古地区肉羊碳排放量进行了测算。

一、数据来源

本研究数据来源于 2014—2023 年《内蒙古统计年鉴》《省级温室气体清单编制指南2011》以及《2006 年 IPCC 国家温室气体清单指南》。

二、测算方法

目前学术界测算畜牧业碳排放的主要方法有合成指数（OECD）法、碳排放系数（IPCC）法、生命周期评价（LCA）法、投入产出（I-O）法等。考虑到畜牧养殖业的碳排放主要包括牲畜的肠道发酵和粪便管理这两个方面，本研究采用较为常用的 IPCC 法，参考《省级温室气体清单编制指南 2011》以及《2006 年 IPCC 国家温室气体清单指南》中牲畜的具体排放因子以及计算方法，得到肠道发酵和粪便管理各自的碳排放量，进而得到二氧化碳排放量。

本研究估算这部分排放量的步骤主要包括以下几步：首先，根据 IPCC 指南推荐值，选择估算肉羊肠道发酵 CH_4、粪便管理 CH_4 以及粪便管理 N_2O 所用的排放因子；其次，分别用肉羊年末存栏量与以上三类排放因子相乘，得到各自所对应的碳排放量；最后，用 CH_4 和 N_2O 的排放量分别乘以其增温系数并加总，得到内蒙古地区肉羊碳排放总量。具体排放因子数据见表 8-1。

表 8-1　内蒙古自治区牲畜 CH_4 和 N_2O 排放因子

牲畜种类	肠道发酵 CH_4 排放因子	粪便管理 CH_4 排放因子	粪便管理 N_2O 排放因子
牛	92.3	3.9	0.996
羊	7.1	0.30	0.074
马	46	1.92	1.39

数据来源：省级温室气体清单编制指南 2011。

碳排放量的具体测算公式如下：
肠道发酵 CH_4 和粪便管理 CH_4 排放估算

$$C_{CH_4} = EF_{CH_4} \times N$$

其中，C_{CH_4} 为牲畜甲烷总排放量，EF_{CH_4} 为牲畜的甲烷排放因子，N 为牲畜的数量。

粪便管理 N_2O 排放估算

$$C_{N_2O} = EF_{N_2O} \times N$$

其中，C_{N_2O} 为牲畜氧化亚氮排放量，EF_{N_2O} 为牲畜粪便管理氧化亚氮排放因子，H 为牲畜的数量。

碳排放总量估算

$$C_a = C_{CH_4} \times 28 + C_{N_2O} \times 265$$

其中，C_a 为牲畜碳排放总量，C_{CH_4} 为牲畜甲烷总排放量，C_{N_2O} 为牲畜氧化亚氮排放量，甲烷和氧化亚氮在 100 年尺度上的增温趋势分别为二氧化碳的 28 倍和 265 倍。

第三节　测算结果与结论

一、内蒙古肉羊碳排放趋势

总体来看，近十年来，内蒙古肉羊碳排放量呈上升趋势，从 1 188.30 万吨增加到 1 389.31 万吨，增长率为 16.90%。其中 2017 年增长幅度最大，同比增长 11%（图 8-1）。

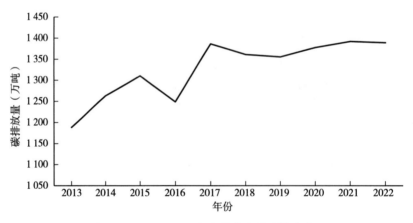

图 8-1　2013—2022 年内蒙古肉羊碳排放总量
（数据来源：内蒙古统计年鉴 2014—2023 年。）

近十年内蒙古肉羊生产碳排放趋势显著上升的原因有以下两点：①由于畜牧业的生产收益明显高于种植业，牧民为了提高自身经济收益，进一步扩大了畜牧业的生产规模，增加了牲畜的养殖数量。②近十年来，中国经济迅速发展，人们的生活水平不断提高，羊肉在肉类生产和居民肉类消费结构中所占比重逐年上升。这进一步促使牧民扩大了肉羊的养殖规模，从而引起肉羊碳排放量的显著增加。

二、肉羊自身碳排放来源

肉羊养殖过程中产生的碳排放主要为肠道发酵CH_4碳排放，肠道发酵CH_4碳排放占总排放量的 95％；其次是粪便管理CH_4排放，占总排放量的 4％；占比最小的是粪便管理N_2O排放，为 1％（图 8-2）。

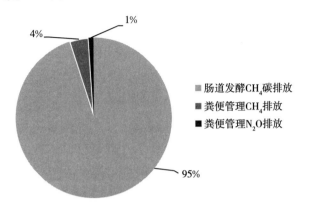

图 8-2　2022 年肉羊自身碳排放来源
（数据来源：内蒙古统计年鉴 2023。）

研究显示，大气中动物肠道甲烷排放量约为 8.0×10^7 吨，其中反刍动物所占比例最大，约为全球总量的 15％。肉羊与牛一样，都属于反刍动物，在其正常代谢过程中，由于瘤胃容积大，寄生微生物种类多，消化道内的微生物发酵饲料所产生的甲烷从口、鼻和直肠排出体外，从而导致肉羊甲烷排放量占总碳排放量的绝大部分。

三、内蒙古畜牧业主要牲畜养殖碳排放对比

2022 年内蒙古自治区主要牲畜在养殖过程中产生的碳排放量从高到低依次为牛、肉羊、马。牛年末存栏量为 820.4 万头，产生的碳排放量最多，达到了 2 426.37 万吨；肉羊的数量最多，产生的碳排放量位居第二，为 1 389.12 万吨；马的数量较前两者而言最少，产生的碳排放量也低于牛和肉羊，为 66.35 万吨（图 8-3）。

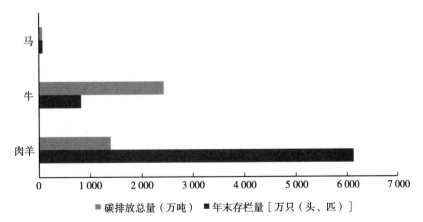

图 8-3　2022 年内蒙古畜牧业主要养殖牲畜碳排放规模
（数据来源：内蒙古统计年鉴 2023。）

四、内蒙古各盟（市）肉羊生产碳排放对比

2022 年内蒙古肉羊生产碳排放主要集中在中东部，包括赤峰市、通辽市、呼伦贝尔市、兴安盟和锡林郭勒盟，其排放量之和占内蒙古地区碳排放总量的 57.61％。其中，赤峰市碳排放量最高，为 212.58 万吨，占内蒙古碳排放总量的 15.30％。就其他几个盟（市）而言，鄂尔多斯市和巴彦淖尔市肉羊生产碳排放量相对较高，分别为 192.87 万吨和184.29 万吨，分别占内蒙古碳排放总量的 13.88％和 13.27％。乌海市碳排放量最低，为2.11 万吨，占内蒙古碳排放总量的 0.15％（图 8-4）。

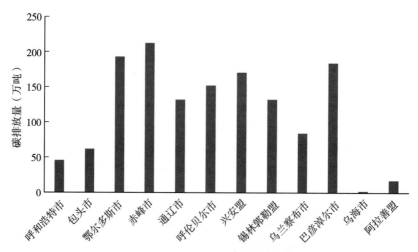

图 8-4　2022 年内蒙古各盟（市）肉羊生产碳排放规模
（数据来源：内蒙古统计年鉴 2023。）

本研究对内蒙古自治区 2013—2022 年肉羊养殖碳排放量的数据进行了统计分析。研究结果表明，与畜牧业其他牲畜相比，肉羊生产过程中的碳排放量介于马和牛之间。近十年来，内蒙古自治区肉羊生产碳排放量总体呈现上升趋势，且增幅显著。其中东部地区碳排放量明显高于西部地区，碳排放最多的盟（市）是赤峰市，占比 15.30％，碳排放最少的是乌海市，占比 0.15％。

肉羊生产过程中的碳排放主要来源于肠道食物发酵产生的甲烷，通过口、鼻和直肠排出体外，大约占总排放量的 95％。本研究计算的仅仅是内蒙古肉羊养殖过程中肠道发酵和粪便管理所产生的 CH_4 和 N_2O，除此之外，饲料生产加工、养殖场占地建筑、养殖设备、能源消耗、饲养管理、羊肉保存加工包装、物流等整个生产链条的每一个环节都会排放大量温室气体。随着经济的发展和人民生活水平的不断提高，再加上中国人口总量仍在增加，羊肉消费量将持续扩大，牲畜养殖碳排放量还将持续上升。研究显示，全球肉类生产量增加 1％，将抵消在太阳能发展上投资 3 万亿美元的气候效应。这无疑在提示我们，加强牲畜养殖减排技术研究、发展低碳养殖是畜牧业发展的必然选择。

第九章　内蒙古肉羊产业碳排放绩效分析

随着中国经济由高速增长阶段步入高质量发展阶段，作为农业和农村经济的重要组成部分，实现畜牧业的高质量发展，一方面可以提高供给体系质量，从而提高人民生活水平，另一方面，对促进高效、公平和绿色生态可持续发展起着举足轻重的作用。国务院办公厅 2020 年印发的《关于促进畜牧业高质量发展的意见》强调了畜牧业质量效益增强和竞争力提升的重要性，提出畜牧业要形成产出高效、产品安全、资源节约、环境友好、调控有效的高质量发展新格局。内蒙古自治区草原面积广袤，达到全国总草原面积的 22%，位于自治区中部的锡林郭勒盟是全国重要的天然草原放牧畜牧业基地之一，草原面积达自治区草原总面积的 1/4。姚成胜等的测算指出，2000—2007 年，草原牧区是中国畜牧业碳排放增长的核心区。因此，厘清锡林郭勒盟牧户层面低碳高效发展水平现状及影响因素有助于平衡草原经济发展和环境保护，是内蒙古乃至全国畜牧业高质量发展的关键一步。

碳排放效率作为联结经济产出与碳排放的媒介，是研究者关注的重点。从测算方法看，参数方法中的随机前沿法和非参数方法中的数据包络分析法（DEA）及其改进模型是学者们测算效率的首选，这两种方法将碳排放作为非期望产出纳入指标体系，将温室气体排放约束下的综合效率视为碳排放效率。同时，考虑到非参数方法较参数方法在处理数据不规则以及变量量纲不统一问题上的优势，当测算效率体系中同时包含期望产出和非期望产出时，选择非参数的数据包络分析法更为合理。但由于现有数据包络分析模型生产技术前沿构建存在不同程度的局限性，在现有框架下测算的全要素碳排放绩效的准确性还有待提高。

鉴于此，本研究从以下 4 个方面对现有研究进行了重要的拓展和完善：①运用全生命周期法计算锡林郭勒盟调研牧户畜牧生产活动所排放的二氧化碳。②对马占新提出的广义参考集 DEA 模型加以扩展，并与 Zhou 等提出的非径向方向性距离函数相结合，提出一个基于广义参考集的非径向方向距离函数的新型 DEA 效率测算模型，在有效解决技术前沿设定局限的条件下，将 2013 年调研数据作为样本集构建前沿面，测算 2014 年、2015 年牧户全要素碳排放绩效。③从投入产出要素的角度，设置四种情景，比较不同情景下每种投入产出要素无效率值的变化情况，为分析如何实现最优生产提供参考。④采用受限因变量（Tobit）模型，综合已有研究中提到的可能对畜牧业低碳发展产生影响的因素，检验其对牧户碳排放绩效的直接效用。

学术界围绕畜牧业低碳发展进行了多方面的探索，研究内容涵盖了畜牧生产温室气体排放测算方法以及各部门温室气体排放绩效的测算方法。

《2006 IPCC 国家温室气体清单指南》中关于畜牧业生产全过程产生温室气体清算的方法在学术界得到广泛应用，除该方法外，对数平均迪氏指数法（LMDI）、生命周期评价（LCA）和碳足迹等方法也运用在相关研究中。例如，我国学者利用 IPCC 中提供的方法测算了我国 31 个省（市、自治区）种植业碳排放量；还有学者采用生命周期评价法测算青藏高原肉羊温室气体排放，发现集约化养殖较传统养殖方式所产生的温室气体规模更大。随着研究的深入，一些学者选择结合多种模型，进行更为详尽的研究，如 Chen 等结合碳足迹模型和脱钩模型，分别计算基于农牧结合模式的碳足迹和农牧分离模式的碳足迹并进行比较，发现与农牧分离模式相比，农牧结合模式显著减少了种植系统的温室气体排放。虽然已有研究方法可以解决大部分温室气体测算问题，但仍然存在可以改进之处：首先是研究尺度，针对畜牧温室气体排放的测算多为从上到下，对于牧户层面小尺度上的排放研究较少；其次是研究数据，现有研究中分析的数据多来自统计年鉴，缺少对实地调研数据的测算分析。

已有研究中衡量效率的指标可以划分为两大类：单要素效率指标和全要素效率指标。单要素效率指标只是从一个方面对效率进行衡量，虽然简单且易运用，但无法反映各个要素之间的替代作用。随着研究的深入，全要素效率指标被提出，例如，Fang 等基于夜间灯光数据，估算了 2004—2018 年中国 282 个地级市的碳排放量，并测算了全要素碳排放效率。

具体来说，全要素生产率测度了技术进步对经济增长的贡献，也反映了经济发展是否从投入型增长转向效率型增长，是衡量一个国家经济是否可持续增长的核心标准。全要素生产率一直是学术界研究的热点，但在传统模型中，并没有考虑涉及经济增长的能源和环境因素，而就中国发展现状来看，这些因素对准确反映中国经济发展现状和实现高质量发展尤为关键。传统的谢泼德距离函数将期望产出和非期望产出按比例拓展到可行的范围内，所有的产出都按照相同的比例扩展，而基于谢泼德距离函数，Chambers 等提出了方向距离函数，随后，方向距离函数（DDF）被 Chung 等增加了环境污染非期望产出，拓展到环境经济领域，旨在让期望产出扩大的同时，减少投入或非期望产出。在发展过程中，由于 DDF 存在按相同比率同时减少非期望产出（投入）和增加期望产出的局限性，进而会产生忽略松弛值的问题，导致可能高估效率，因此，Zhou 首先考虑了基于松弛变量的 DDF。

国内学者沿用这一理论框架，对中国区域和行业的碳全要素生产率进行评估。但是，通过梳理，我们发现现有文献主要偏重于宏观视角，如研究中国各省市、各行业，或者区域工业，缺少利用微观数据进行的碳全要素生产率分析。此外，从碳排放效率研究对象上来看，既有研究主要针对工业行业，针对畜牧业的研究还不多；从研究区域来看，大多从国家或省级视角、经济发达或畜牧业发展优势地区（如西藏、山东等地区）研究畜牧业低碳发展。内蒙古自治区是我国畜牧业大省区，锡林郭勒盟是北方重要的畜产品生产加工输出基地，测算锡林郭勒盟各牧户畜牧生产全要素碳排放效率，既能规避宏观数据隐含的不准确问题，也有利于为内蒙古自治区乃至全国畜牧业低碳发展、提高牧户生产率、协调牧区经济增长问题与环境保护问题提出有针对性的政策借鉴，推动草原畜牧业可持续发展。

从研究方法上来看，前期评估碳全要素生产率的研究还存在一些不足，具体表现在传统 DEA 方法的评价参照系是有效决策单元，即传统 DEA 方法只能获得与有效决策单元比较的信息，而实际上人们需要比较的对象不仅限于有效决策单元，还可能是一般单元、较差单元或者某种特殊单元，而传统 DEA 方法无法评价这些问题，为此，本研究参考马占新提出的广义参考集的概念，对技术前沿的设定进行修正，并结合 Zhou 等提出的非径向方向距离函数，构建出基于广义参考集的全要素碳排放绩效指数 DEA 测算模型，借此对内蒙古锡林郭勒盟牧户生产的碳排放绩效进行更加准确的测算。这样既能避免调研数据部分缺失对效率测算准确性的影响，又能使牧户各年之间的碳排放效率值产生可比性。

第一节　碳排放绩效测算的模型、方法与数据

一、模型与方法

1. **全生命周期法**　本研究参照《2006 年 IPCC 国家温室气体清单编制指南》和孟祥海等的研究，结合《全国农产品成本收益资料汇编》中提供的相关参数指标进行计算，综合考虑畜牧业直接生产环节和上下游产业链环节，运用生命周期评价方法测算和分析锡林郭勒盟牧户牲畜温室气体排放总量，其中主要包括直接的温室气体排放测算和间接的温室气体排放测算。以 CO_2 当量计算，畜牧业全生命周期温室气体排放计算公式如下：

$$E_{Total} = E_{GT} + E_{CD} + E_{ME} + E_{FE} + E_{GP} + E_{SP}$$
$$= E_{gt} \times GWP_{CH_4} + (E_{mc} \times GWP_{CH_4} + E_{md} \times GWP_{N_2O}) +$$
$$E_{ME} + E_{FE} + E_{GP} + E_{SP} \tag{1}$$

式中，E_{Total} 为以 CO_2 当量计算的畜牧业全生命周期温室气体总排放量；E_{GT} 为家畜胃肠道发酵的 CO_2 当量排放量；E_{CD} 为畜禽粪便管理系统 CO_2 当量排放量；E_{gt} 为家畜胃肠道发酵 CH_4 排放量；E_{mc} 为畜禽粪便管理系统 CH_4 排放量；E_{md} 为畜禽粪便管理系统 N_2O 排放量；E_{ME} 为畜禽生产耗能产生的 CO_2 排放量；E_{FE} 为畜禽生产所消耗的饲料粮所引起的 CO_2 排放量；E_{GP} 为饲料粮加工运输环节产生的 CO_2 排放量；E_{SP} 为畜禽屠宰加工环节产生的 CO_2 排放量；GWP_{CH_4} 为 CH_4 全球升温潜能值，取 21；GWP_{N_2O} 为 N_2O 全球升温潜能值，取 310。畜禽胃肠发酵和粪便管理系统的温室气体排放因子见表 9-1。

表 9-1　畜禽胃肠发酵和粪便管理系统的温室气体排放因子

畜禽品种	CH_4 [千克/（头·年）]		N_2O [千克/（头·年）]
	胃肠发酵	粪便管理	粪便管理
生猪	1.00	3.50	0.53
黄牛	47.80	1.00	1.39
奶牛	68.00	16.00	1.00
马	18.00	1.64	1.39
驴	10.00	0.90	1.39
骡	10.00	0.90	1.39
羊	5.00	0.16	0.33
禽类	0	0.02	0.02

2. 广义参考集环境生产技术 DEA 测算模型 假设有 K 个决策单元都使用 N 种投入要素 $x = (x_1, x_2, \cdots, x_N) \in R_N^+$，生产 P 种期望产出 $y = (y_1, y_2, \cdots, y_p) \in R_P^+$ 和 Q 种非期望产出 $b = (b_1, b_2, \cdots, b_Q) \in R_Q^+$，则多产出的环境生产技术可 DEA 模型化为：

$$T(x) = \left\{ \begin{array}{l} (x,y,b): \sum_{k=1}^{K} \lambda_k x_{nk} \leqslant x_n, n = 1,2,\cdots,N \\ \sum_{k=1}^{K} \lambda_k y_{pk} \geqslant y_p, p = 1,2,\cdots,P \\ \sum_{k=1}^{K} \lambda_k b_{qk} = b_q, q = 1,2,\cdots,Q \\ \lambda_k \geqslant 0, k = 1,2,\cdots,K \end{array} \right\} \quad (2)$$

其中，λ_k 是通过凸组合构建环境生产技术的结构变量，如果添加约束条件 $\sum_{k=1}^{K} \lambda_k = 1$，则环境生产技术由规模报酬不变变为规模报酬可变。上述可行性集满足闭集和有界集、投入和期望产出可自由处置性、产出弱可处置性和零结合性假设。

参考 Zhou 等，定义如下考虑非期望产出的非径向距离函数：

$$\overrightarrow{ND}(x,y,b;g) = sup\{w^T\beta: [(x,y,b) + g \times diag(\beta)] \in T(x)\} \quad (3)$$

其中，$w = (w_n^x, w_p^y, w_q^b)^T$ 为与投入和产出相关的标准化权重向量，$g = (-g_x, g_y, -g_b)$ 为方向向量，$\beta = (\beta_n^x, \beta_p^y, \beta_q^b)^T \geqslant 0$ 为尺度因子向量。式（3）所示的非径向方向距离函数（NDDF）测度了各投入产出要素相对于生产前沿的非效率水平，进而通过特定权重测得每个决策单元的总体非效率水平。NDDF 值越大，其投入产出的效率越低；反之亦然。若 NDDF 值为 0，则说明其正处于生产前沿之上。基于当期技术前沿，结合环境生产技术以及 NDDF 的定义，$\overrightarrow{ND}(x,y,b;g)$ 的值可通过求解以下 DEA 模型得到。

$$\overrightarrow{ND}(x,y,b;g) = \max(w_n^x \beta_n^x + w_p^y \beta_p^y + w_q^b \beta_q^b)$$

$$s.t. \left\{ \begin{array}{l} \sum_{k=1}^{K} \lambda_k x_{nk} \leqslant x_n - \beta_n^x g_{xn}, n = 1,2,\cdots,N \\ \sum_{k=1}^{K} \lambda_k y_{pk} \geqslant y_p + \beta_p^y g_{yp}, p = 1,2,\cdots,P \\ \sum_{k=1}^{K} \lambda_k b_{qk} = b_q - \beta_q^b g_{bq}, q = 1,2,\cdots,Q \\ \lambda_k \geqslant 0, k = 1,2,\cdots,K \\ \beta_n^x, \beta_p^y, \beta_q^b \geqslant 0 \end{array} \right. \quad (4)$$

由于式（4）采用与投入产出观察值同期的技术前沿测度效率水平，它给出的效率值反映的是被评价单元相对于有效决策单元的信息，但在现实中，许多问题的评价参考集并不仅限于此。传统 DEA 方法的评价参照系是有效生产前沿面，广义参考集 DEA 方法的评价参照系是样本数据前沿面，而样本数据前沿面除了包含有效生产前沿面外，还有更广泛的含义和背景。为解决这一问题，本研究参考马占新提出的广义参考集 DEA 模型对技术前沿的设定进行修正，我们定义广义参考集环境生产技术为：

$$T'(x)=\begin{cases}(x,y,b):\sum_{j=1}^{\bar{K}}\lambda_j\bar{x}_{nj}\leqslant x_n,n=1,2,\cdots,N\\[2mm]\sum_{j=1}^{\bar{K}}\lambda_j\bar{y}_{pj}\geqslant y_p,p=1,2,\cdots,P\\[2mm]\sum_{j=1}^{\bar{K}}\lambda_j\bar{b}_{qj}=b_q,q=1,2,\cdots,Q\\[2mm]\lambda_j\geqslant0,j=1,2,\cdots,\bar{K}\end{cases}\quad(5)$$

式中，假设共有 K 个决策单元，它们的生产可由 n 种投入、p 种期望产出和 q 种非期望产出指标表示，同时，另有 $\bar{K}$ 个样本单元是评价者用来比较的对象或标准。这样，在环境约束下，基于广义参考集的非径向方向距离函数可表示为：

$$\overrightarrow{ND'}(x,y,b;g)=sup\{w^T\beta:[(x,y,b)+g\times diag(\beta)]\in T'(x)\}\quad(6)$$

$\overrightarrow{ND'}(x,y,b;g)$ 可通过求解如下线性规划模型而获得：

$$\overrightarrow{ND'}(x,y,b;g)=\max(w_n^x\beta_n^{'x}+w_p^y\beta_p^{'y}+w_q^b\beta_q^{'b})$$

$$\text{s.t.}\begin{cases}\sum_{j=1}^{\bar{K}}\lambda_j\bar{x}_{nj}\leqslant x_n-\beta_n^{'x}g_{xn},n=1,2,\cdots,N\\[2mm]\sum_{j=1}^{\bar{K}}\lambda_j\bar{y}_{pj}\geqslant y_p+\beta_p^{'y}g_{yp},p=1,2,\cdots,P\\[2mm]\sum_{j=1}^{\bar{K}}\lambda_j\bar{b}_{qj}=b_q-\beta_q^{'b}g_{bq},q=1,2,\cdots,Q\\[2mm]\lambda_j\geqslant0,j=1,2,\cdots,\bar{K}\end{cases}\quad(7)$$

β' 表示无效率值，如果 $\overrightarrow{ND'}(x,y,b;g)=0$，则被评价的决策单元在考虑到松弛变量的情况下，位于 g 向量的基于样本数据的前沿面上；如果 $\overrightarrow{ND'}(x,y,b;g)<0$，则被评价的决策单元的综合效率优于样本数据前沿面。

本研究采用广义参考集 NDDF 模型测算牧户的投入无效率值、期望产出无效率值以及非期望产出无效率值，分别将投入、期望产出、期望产出和非期望产出同时纳入目标函数，以比较非期望产出变动对期望产出变动的影响。

$$\overrightarrow{D_{T1}}(K,L,R,N,Y,b;g)=\max(w_K\beta_K+w_L\beta_L+w_R\beta_R+w_N\beta_N+w_Y\beta_Y+w_b\beta_b)$$

$$\text{s.t.}\begin{cases}\sum_{j=1}^{\bar{K}}\lambda_j\bar{K}_j\leqslant K-\beta_K g_K\\[2mm]\sum_{j=1}^{\bar{K}}\lambda_j\bar{L}_j\leqslant L-\beta_L g_L\end{cases}$$

$$\text{s. t.} \begin{cases} \sum_{j=1}^{\bar{K}} \lambda_j \bar{R}_j \leqslant R - \beta_R \, g_R \\[2mm] \sum_{j=1}^{\bar{K}} \lambda_j \bar{N}_j \leqslant N - \beta_N \, g_N \\[2mm] \sum_{j=1}^{\bar{K}} \lambda_j \bar{Y}_j \geqslant Y + \beta_Y \, g_Y \\[2mm] \sum_{j=1}^{\bar{K}} \lambda_j \bar{b}_j = b - \beta_b \, g_b \\[2mm] \sum_{j=1}^{\bar{K}} \lambda_j = 1 \\[2mm] \lambda_j \geqslant 0, j = 1, 2, \cdots, \bar{K} \end{cases} \tag{8}$$

$$\overrightarrow{D_{T2}}(K, L, R, N; g) = \max(w_K \beta_K + w_L \beta_L + w_R \beta_R + w_N \beta_N)$$

$$\text{s. t.} \begin{cases} \sum_{j=1}^{\bar{K}} \lambda_j \bar{K}_j \leqslant K - \beta_K \, g_K \\[2mm] \sum_{j=1}^{\bar{K}} \lambda_j \bar{L}_j \leqslant L - \beta_L \, g_L \\[2mm] \sum_{j=1}^{\bar{K}} \lambda_j \bar{R}_j \leqslant R - \beta_R \, g_R \\[2mm] \sum_{j=1}^{\bar{K}} \lambda_j \bar{N}_j \leqslant N - \beta_N \, g_N \\[2mm] \sum_{j=1}^{\bar{K}} \lambda_j \bar{Y}_j \geqslant Y \\[2mm] \sum_{j=1}^{\bar{K}} \lambda_j \bar{b}_j = b \\[2mm] \sum_{j=1}^{\bar{K}} \lambda_j = 1 \\[2mm] \lambda_j \geqslant 0, j = 1, 2, \cdots, \bar{K} \end{cases} \tag{9}$$

$$\overrightarrow{D_{T3}}(Y; g) = \max(w_Y \beta_Y)$$

$$\text{s. t.} \begin{cases} \sum_{j=1}^{\bar{K}} \lambda_j \bar{K}_j \leqslant K \\[2mm] \sum_{j=1}^{\bar{K}} \lambda_j \bar{L}_j \leqslant L \end{cases} \tag{10}$$

$$\text{s. t.}\begin{cases}\sum_{j=1}^{\bar{K}}\lambda_j\bar{R}_j\leqslant R\\[2mm]\sum_{j=1}^{\bar{K}}\lambda_j\bar{N}_j\leqslant N\\[2mm]\sum_{j=1}^{\bar{K}}\lambda_j\bar{Y}_j\geqslant Y+\beta_Y g_Y\\[2mm]\sum_{j=1}^{\bar{K}}\lambda_j\bar{b}_j=b\\[2mm]\sum_{j=1}^{\bar{K}}\lambda_j=1\\[2mm]\lambda_j\geqslant0,j=1,2,\cdots,\bar{K}\end{cases}\tag{10}$$

$$\overrightarrow{D_{T4}}(Y;g)=\max(w_Y\beta_Y+w_b\beta_b)$$

$$\text{s. t.}\begin{cases}\sum_{j=1}^{\bar{K}}\lambda_j\bar{K}_j\leqslant K\\[2mm]\sum_{j=1}^{\bar{K}}\lambda_j\bar{L}_j\leqslant L\\[2mm]\sum_{j=1}^{\bar{K}}\lambda_j\bar{R}_j\leqslant R\\[2mm]\sum_{j=1}^{\bar{K}}\lambda_j\bar{N}_j\leqslant N\\[2mm]\sum_{j=1}^{\bar{K}}\lambda_j\bar{Y}_j\geqslant Y+\beta_Y g_Y\\[2mm]\sum_{j=1}^{\bar{K}}\lambda_j\bar{b}_j=b-\beta_b g_b\\[2mm]\sum_{j=1}^{\bar{K}}\lambda_j=1\\[2mm]\lambda_j\geqslant0,j=1,2,\cdots,\bar{K}\end{cases}\tag{11}$$

进而，本研究根据 Zhang 和 Choi 的研究，将全要素二氧化碳排放效率（TCPI）定义为：

$$TCPI=\frac{\dfrac{(b-\beta_b^* b)}{(Y+\beta_Y^* Y)}}{\dfrac{b}{Y}}=\frac{1-\beta_b^*}{1+\beta_Y^*}\tag{12}$$

式（12）中，b 为非期望产出——碳排放量；Y 为期望产出——畜牧养殖业收入；

β_b^* 和 β_y^* 分别为非期望产出 β 系数和期望产出 β 系数。

通过式（8）非径向方向距离函数求解，全要素碳排放效率指数表示的是潜在目标碳强度与实际碳强度之比。若 $TCPI$ 大于 0 小于 1，$TCPI$ 的值越高，说明碳排放效率越高；若 $TCPI=1$，表明观测值在样本数据前沿面上；若 $TCPI>1$，表明观测值的表现优于样本前沿面。

3. Tobit 回归方法 为了进一步探讨哪些因素会影响牧户的全要素碳排放效率，本研究引入二阶段回归分析，通过回归方程的系数进行判断。由于一阶段 DEA 测算的绩效值是下限为 0 的截断型分布，不是正态分布，因此不满足最小二乘（OLS）法中对解释变量的分布应该为正态分布的假设，本研究采用 Tobit 回归进行化解。回归模型形式如下：

$$y_{it}^* = X_{it}'\beta + \mu_{it}$$
$$\mu_{it} \sim N(0, \sigma^2)$$
$$y_{it} = \begin{cases} y_{it}^*, & y_{it}^* \geqslant 0 \\ 0, & y_{it}^* < 0 \end{cases} \tag{13}$$

式中，X_{it}' 为解释变量，μ_{it} 为误差项，y_{it}^* 为牧户潜在碳排放效率，y_{it} 为牧户的碳排放效率，β 为待估参数。

二、投入产出变量指标选取与数据来源

本研究使用的数据来源于对内蒙古自治区锡林郭勒盟牧户 2013—2015 年的调查，具体评价指标见表 9-2。

表 9-2 评价指标体系

类别	具体指标	说明
产出指标	期望产出（元）	畜牧养殖业收入
	非期望产出（吨）	二氧化碳排放量
投入指标	资本投入	全年生产性支出
	劳动投入	牧户家庭在畜牧业养殖过程中家庭成员及雇工劳动的总天数
	土地投入	牧户承包草场面积＋转入草场面积－转出草场面积
	牲畜投入（羊单位）	羊、牛、马、骆驼的年初能繁母畜投入之和

第二节 结果分析

一、畜牧业全生命周期温室气体排放量测算结果

从六大环节来看碳排放量分布，E_{GT}、E_{CD}、E_{ME}、E_{FE}、E_{GP} 和 E_{SP} 分别代表家畜胃肠道发酵、粪便管理系统、饲养环节耗能、饲料粮种植、饲料粮运输加工和畜禽屠宰加工的 CO_2 排放当量。其中，家畜胃肠道发酵碳排放量占比最大；粪便管理系统碳排放量占比次之，且均在 3 年间呈现上升趋势；饲料粮运输加工碳排放占比最小（表 9-3）。

表 9-3　2013—2015 年畜牧业全生命周期 CO_2 当量排放量

单位：吨

年份	E_{GT}	E_{CD}	E_{ME}	E_{FE}	E_{GP}	E_{SP}	E_{Total}
2013	59.55	40.37	0.99	7.17	0.16	26.00	134.25
2014	60.42	41.44	1.03	8.34	0.19	15.36	126.78
2015	69.61	47.27	0.87	6.88	0.15	13.10	137.88

二、牧户投入产出要素描述性分析及全要素碳排放效率分析

1. **投入产出要素描述性分析**　从以上投入产出描述性统计分析可知，从产出角度来看，2013—2015 年，畜牧养殖业收入有下降趋势，2013 年均值为 127 869.65 元，2014 年均值为 122 814.26 元，2015 年均值为 96 142.67 元，同时，畜牧养殖业收入的标准差有变小趋势。从投入角度来看，资本投入、劳动投入、土地投入水平在 3 年中表现得比较稳定，而牲畜投入量在 2013—2015 年波动较为明显（表 9-4）。

表 9-4　投入产出描述性统计

单元：元

	2013 年		2014 年		2015 年	
	均值	标准差	均值	标准差	均值	标准差
畜牧养殖业收入	127 869.65	103 322.29	122 814.26	109 590.86	96 142.67	77 217.25
资本投入	64 234.62	53 358.10	75 706.52	109 467.78	69 614.00	66 719.34
劳动投入	5.31	4.436 4	5.07	4.07	6.05	4.34
土地投入	7 011.75	7 328.94	6 696.38	5 388.38	6 742.45	4 511.34
牲畜投入	293.16	174.92	408.13	281.79	367.38	230.68

2. **全要素碳排放效率分析**　全要素碳排放效率指数衡量了实际碳强度（单位期望产出的碳排放量）距离潜在目标碳强度的距离。由表 9-5 可知，基于式（12），以 2013 年样本数据作为参考集计算的全要素碳排放效率指数，2014 年的均值为 0.131 2，2015 年的均值为 0.091 3。

表 9-5　全要素碳排放效率在样本年份的频数分布

TCPI	2014 年	2015 年
<0.2	129	146
0.2~0.4	17	7
0.4~0.6	4	1
0.6~0.8	4	0
>0.8	1	1

（续）

TCPI	2014 年	2015 年
最小值	0.001 5	0.000 8
最大值	0.830 0	1.275 9
均值	0.131 2	0.091 3

由图 9-1 可知，与 2013 年的前沿面相比，2014 年仅有 0.65％的牧户全要素碳排放效率指数大于等于 0.8，有 2.58％的牧户全要素碳排放效率指数为 0.6（含）～0.8（不含），有 2.58％的牧户全要素碳排放效率指数为 0.4（含）～0.6（不含），10.97％的牧户全要素碳排放效率指数为 0.2（含）～0.4（不含），有 83.22％的牧户全要素碳排放效率指数小于 0.2；2015 年，有 0.65％的牧户全要素碳排放效率指数大于等于 0.8，没有牧户全要素碳排放效率指数为 0.6（含）～0.8（不含），全要素碳排放效率指数为 0.4（含）～0.6（不含）的牧户占比 0.65％，4.52％的牧户全要素碳排放效率指数为 0.2（含）～0.4（不含），有超过 90％的牧户全要素碳排放效率指数小于 0.2。整体来看，全要素碳排放效率指数小于 0.2 的牧户分布最多，大于等于 0.8 的牧户分布最少。

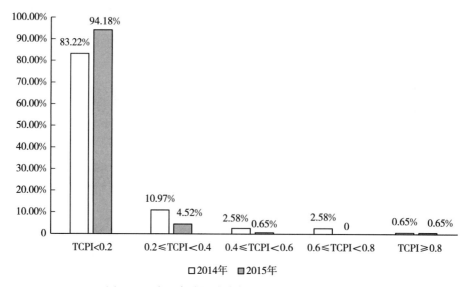

图 9-1　全要素碳排放效率在样本年份的频率分布

三、Tobit 回归分析结果

参考已有文献可以看出，人力资本、养殖结构、草地流转和畜牧业低碳政策的实施均会对畜牧业高质量发展产生影响，故本研究在借鉴已有研究成果的基础上，选取户主受教育年限、户主是否参加过技术培训、牧户养殖规模、羊的饲养量、牛的饲养量、是否租赁草场、是否受到相关畜牧业低碳发展政策文件影响作为解释变量，结合 2013—2015 年锡林郭勒盟入户调研的面板数据，运用 Tobit 模型探讨这些因素是否以及如何影响牧户的全要素碳排放效率。

从表9-6回归变量的描述性统计分析结果来看，户主拥有初中学历的比例较高，为40.13%，拥有高中学历和大学以上学历的比例较低，分别为10.64%和3.55%；户主参加过技术培训的比例较低，仅为14.19%。综合来看，人力资本水平有待进一步提高。小规模养殖占比60.53%，中规模养殖占比为4.66%，大规模养殖占比仅为1.11%；羊的平均饲养量为161.24只，牛的平均饲养量为4.46头。综合来看，绝大部分牧户养殖规模为小规模，且呈现出羊多牛少的局面。租赁草场的牧户占比6.87%，占比较低。对于相关低碳政策影响，参考前人研究，考虑到政策强度的变化以及2014年和2015年分别有典型相关法律体系出台，本研究将2013年设为不受影响，取0，2014年和2015年设为1。

表9-6　Tobit回归变量

类别	变量	说明	变量类型	最小值	最大值	均值	标准差
户主特征	受教育年限 $D2$=初中， $D3$=高中， $D4$=大学	户主的受教育程度	虚拟变量	0	1	0.401 3（D_2） 0.106 4（D_3） 0.035 5（D_4）	0.490 7（D_2） 0.308 7（D_3） 0.185 2（D_4）
	是否参加过技术培训（technology）	1=是，否=0	虚拟变量	0	1	0.141 9	0.349 3
养殖结构	养殖规模（羊单位） $E2$=小规模， $E3$=中规模， $E4$=大规模	1～99只为散养，100～499只为小规模，500～999只为中规模，1 000只以上为大规模	虚拟变量	0	1	0.605 3（E_2） 0.046 6（E_3） 0.011 1（E_4）	0.489 3（E_2） 0.210 9（E_3） 0.104 8（E_4）
	羊的饲养量（sheep）	年末牲畜数量	连续变量	0	1 800	161.242 6	193.249 9
	牛的饲养量（cow）	年末牲畜数量	连续变量	0	212	4.457 5	12.887 3
生产特征	是否租赁草场（rent）	1=是，0=否	虚拟变量	0	1	0.068 7	0.253 3
	相关低碳政策影响（policy）	1=是，0=否	虚拟变量	0	1	0.687 4	0.464 1

从表9-7的变量回归结果来看，牛的饲养量对于全要素碳排放效率有显著的正影响，这切合了锡林郭勒盟"减羊增牛"战略，扩大优质高效的牛产业规模，既能提高牧民收入，又能保护草场，实现经济效益和生态保护的"双赢"。租赁草场同样提高了牧户的全要素碳排放效率，一方面可能因为以租赁为主的草地流转能够改善因经营规模较小导致的草地生态退化问题，另一方面可能因为租入草场的牧户为保护自有草场，选择在流转而来的草场放牧更多牲畜。这样虽然租入户生计和自有草场生态环境得到改善，全要素碳排放效率提高，但却将放牧压力从自有草地转移到租入草地，导致转入草地的质量下降。

表9-7　变量回归结果

影响变量	回归系数	标准差	t值
$D2$	0.030 3	0.040 2	0.75
$D3$	0.027 9	0.078 1	0.36

（续）

影响变量	回归系数	标准差	t 值
D4	0.032 7	0.111 2	0.29
technology	−0.024 8	0.022 8	−1.09
E2	−0.003 4	0.024 3	−0.14
E3	0.084 8	0.064 3	1.32
E4	−0.084 0	0.158 9	−0.53
sheep	0.000 0	0.000 1	0.51
cow	0.002 7***	0.000 9	3.16
rent	0.067 8**	0.031 5	2.16
policy	−0.079 4***	0.017 8	−4.47
常数项	0.176 2**	0.070 7	2.49
LR chi2 (11)		52.81	
Prob > chi2		0	

注：* 表示 10%显著性水平，** 表示 5%显著性水平，*** 表示 1%显著性水平。

低碳政策之所以没有显著的正向影响，可能是因为监管成本过高，导致实际效果大打折扣。受教育年限没有显著正向影响，可能是因为牧户接受相关专业技术培训较少，牧区劳动力大多是中老年人，缺乏活力和新技术、新手段、新观念。

第三节 结论与启示

本章采用生命周期评价方法，把畜牧业全生命周期碳排放的六大环节，包括生产和上下游产业链纳入温室气体排放核算系统，之后又将畜牧业碳排放作为非期望产出，运用广义参考集 NDDF 模型，测算锡林郭勒盟 2014 年、2015 年牧户全要素碳排放效率指数，最后运用 Tobit 模型分析全要素碳排放效率的影响因素。结果显示：①在全生命周期六大环节中，畜牧业碳排放量最高的是家畜胃肠道发酵和粪便管理系统这两个环节，且有逐年递增趋势；②相较于 2013 年样本数据构建的前沿面，2014 年和 2015 年分别有超过 80%和 90%的牧户全要素碳排放效率指数分布在 0.2 以下；③牛的饲养量和是否租赁草场对全要素碳排放效率有显著正向影响。

根据研究结论，本章提出了如下政策启示以提高畜牧业碳排放效率水平：

首先，针对家畜胃肠道发酵是温室气体总排放量中最大排放源的问题，有以下两个方面的建议。一方面，由于胃肠道发酵排放与牲畜养殖数量密切相关，因此，我们建议可以通过提高饲养质量、减少饲养数量来降低总排放量；另一方面，我们建议采取有效措施，如使用膳食补充剂、饲料添加剂等，控制瘤胃中的微生物种群数量。

其次，针对牧户畜牧业生产碳排放效率普遍偏低的问题，我们建议应从生产端与政策端同时考虑。

从生产端来看，结果显示，被调查牧户中人力资本普遍偏低且回归结果中受教育年限没有显著正向影响。因此，我们认为，应加强牧户人力资本投资，同时加大对生态畜牧业的宣传力度，进行更广泛的技术推广，以提高牧户的可持续发展意识和专业化程度，培育一批具有良好科学素质、职业技能和经营能力的牧民。

考虑到回归结果显示牧户租赁草场显著提高了其碳排放效率水平，我们认为，应科学制定合理的养殖规模，平衡发展规模与承载能力之间的关系，因地制宜，努力实现畜牧业养殖专业化、规模化、标准化，使草原增绿、牧业增效、牧民增收。针对被调研牧户均以羊为主要养殖品种且回归结果显示牛的饲养量对牧户全要素碳排放效率有显著正向影响这一现象，我们认为，应及时优化调整畜群畜种结构以及单一经济结构、产业结构，加快实施"减羊增牛"战略，解决"一羊独大"问题，引进良种，生产肉牛，协同实现生态友好、牧民增收。

从政策端来看，研究结果显示，现有低碳政策对锡林郭勒盟牧户碳排放效率没有显著正向影响，因此我们认为，应促进政策内容具体化，精准识别畜牧业碳减排政策的地区适应性，制定更符合该地区发展的畜牧业碳减排政策。

第十章 信贷对肉羊养殖户经营性碳排放的影响分析

第一节 引 言

近年来，中国畜牧业飞速发展，生产规模不断扩大，满足了国民对于优质肉蛋奶的需求，在大食物供给的保障上发挥着不可替代的作用，是践行"大食物观"的重要体现。但同时，畜牧业的不断发展增加了烷、二氧化碳等温室气体的排放，对全球气候变化和环境污染造成了严重的影响。从温室气体排放的总体结构分析，在我国温室气体排放源中，农业生产活动产生的碳排放量位于第三，其中农用地排放和动物肠道发酵等畜牧业排放量占农业碳排放的60%以上。在新的发展阶段，畜牧业亟须在严峻的资源环境约束下实现从数量增长到高质量发展的转变，以此减轻大气环境的负担，而要实现畜牧业高质量发展，关键在于推动绿色节能、低碳高效的生产模式，即以绿色发展理念为指导、低碳生产为核心，围绕畜牧业的各个主体，运用科技创新、绿色生产等手段和理念，不断提高畜牧业生产发展水平和质量。党的二十大会议报告中对低碳发展做出部署，提出要继续协调推进降碳、减污、扩绿、增长，推动形成绿色低碳的生产方式和生活方式。《"十四五"全国农业绿色发展规划》也提出了对于主要农产品温室气体排放强度、农业减排固碳和应对气候变化能力以及农业用能效率等目标要求。《中华人民共和国国民经济和社会发展第十四个五年规划和2035年远景目标纲要》也明确指出单位国内生产总值二氧化碳排放降低18%的目标。同时，我们要认识到，畜牧业本身也具有很强的降碳潜力，据估算，畜牧业的不断升级和发展将为全球的碳减排数量提供约7.36亿吨二氧化碳当量，充分发挥畜牧业的降碳功能可以在很大程度上促进畜牧业的绿色低碳生产。因此，在国家倡导"大食物观"的多元化食物供给体系和"双碳"目标实现的背景下，实现畜牧业的增产与减碳是当前持续推进畜牧业高质量发展的应有之义，也是现阶段畜牧业低碳转型的重要挑战。

信贷是实现经济绿色发展的重要抓手，是促进经济绿色转型的重要驱动。2021年10月26日，国务院发布《2030年前碳达峰行动方案》，强调了金融在实现碳达峰行动中的保障作用。普惠金融作为牧区生产生活重要的资金补给渠道，在引导和促进畜牧业不断发展中起到了十分重要的作用，信贷、抵押、担保、保险等各种普惠金融工具在很大程度上促进了畜牧业发展的规模化、产业化，小额信贷作为牧区金融供给市场的主要力量，为不同生活水平的牧户提供相同的资金获得机会，提升了牧户获得金融服务的可能性，通过给予资金支持，使牧户在畜牧业生产活动中改善经营条件、扩大经营规模、拓宽收入渠道。有学者指出，在传统普惠金融市场中，农业绿色低碳发展依旧面临"融资难、融资贵"的困境，探究如何利用来之不易的资金让农牧民在扩产增收的同时减少碳排放具有非常重要的意义。基于前人的研究，信贷可以为农业发展过程中所需要的农业机械的技术改进和农用物资科技投入提供大量资金，从而通过农业技术改进这一路径扶持低碳农业的发展，进而减少农业生产过程中产生的二氧化碳。然而，对于以分散经营为主的传统畜牧业来说，信贷资金支持可能更直接地通过扩大养殖规模等途径进一步提高牲畜养殖过程中的二氧化碳，造成过碳养殖，有违畜牧业绿色低碳的发展导向。

内蒙古作为中国畜牧业大省，不仅是我国北方最重要的农牧产品生产加工基地，也是最大的生态保护屏障。在生态文明建设与双碳目标的背景下，内蒙古畜牧业的发展也要从扩大数量的高速路转向经济、生态、社会效益并重的高质量绿色发展道路，这意味着减少畜牧业碳排放是低碳背景下的必然选择。鉴于此，本研究以内蒙古锡林郭勒盟 7 个乡镇的实地调查数据为研究样本，从牧户的信贷行为视角切入，分析典型草原牧户的家庭信贷是否会对经营性碳排放产生影响，从碳排放量和碳效率两个角度提供经验证据，为日后引导牧户低碳生产、促进内蒙古自治区畜牧业绿色低碳高质量发展提供一些积极的政策参考和启示。

随着国家"双碳"目标的确定，碳排放现已成为研究的热门话题和方向，许多学者从绿色金融产品角度对金融和碳排放的关系进行研究，但具体从普通金融产品对畜牧业碳排放的影响这一角度出发的研究甚少。本研究从农村金融、可持续发展等相关理论出发，将研究视角转向信贷，具体研究小额信贷对畜牧业经营性碳排放的影响，顺着"小额信贷可得性—信贷对经营性碳排放的影响—信贷对经营性碳排放的影响机理"的思路进行分析研究，以期对目前金融发展与碳排放问题进行一定的补充，为创新低碳金融提供一定的理论支撑。

内蒙古是我国重要的农畜产品生产基地之一，拥有全国最大的天然牧场，作为基础性产业，畜牧业高质量发展是现阶段助推农牧区经济增长的应有之义。而在畜牧业发展过程中，金融产品的不断创新在很大程度上解决了牧民个体在生产经营中遇到的资金融通困难，其中，小额信贷起到了至关重要的作用。信贷的参与增加了牧户的流动性资金，牧户通过资金补给，可切实提高生产要素投入水平，进一步改善自身福利状况，对畜牧业也有着积极的促进作用。现阶段，我国迈入第二个一百年的伟大征程，需要全社会各界力量的共同推动。对于畜牧业来说，如何在保证经济增长的同时做到绿色发展，在"双碳"政策的背景下，积极走出一条低碳可持续发展的道路具有十分重要的意义。本研究基于我国金融支持畜牧业的体系与框架，总结分析样本数据信贷行为的特点，并进一步通过实证分析，探讨牧户家庭信贷对于畜牧业经营性碳排放的影响机制，有利于更加准确地了解我国信贷对畜牧业发展的生态影响效果，为进一步助推低碳信贷政策的发展、绿色金融体系的完善、二氧化碳排放的控制等提出相应的政策建议，在持续促进养殖户增收扩产的基础上，推动畜牧业的低碳可持续发展。

第二节　畜牧业经营性碳排放的影响因素

鉴于金融发展程度会显著影响银行信贷行为，笔者首先对金融以及信贷对碳排放的影响方向、程度以及作用机制的研究进行梳理，重点讨论其对农业碳排放的影响，对研究问题进行宏观层面的把握。其次，对牧户的信贷行为进行微观角度的研究。考虑到在农业生产中，生产资料投入、畜牧业中的肠道发酵和粪便管理水平、能源消耗和废弃物焚烧等产生的碳排放是农业碳排放的主要来源，我们重点讨论信贷行为在生产过程中的碳效应，以此思路发掘牧户信贷对碳排放影响的内在逻辑。信贷对碳排放影响的理论逻辑见图 10 - 1 所示。

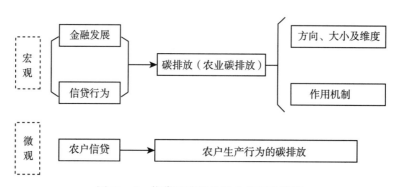

图 10 - 1　信贷对碳排放影响的理论逻辑

一、金融对碳排放的影响效应、方向和维度

1. 国家视域下金融与碳排放的关系

（1）金融发展与碳排放的关系。金融是现代经济发展的核心，更是驱动绿色发展的关键力量。在"双碳"背景下，学者们对金融的碳效应问题进行了较为深入的探讨。对于碳效应的正负问题，国内外学者们研究得出的结论大多是金融能有效抑制碳排放，但也存在特例，即金融会增加碳排放强度，究其原因，主要是不同研究对金融的概念界定不一致、国家或地区的发展程度不一样。国内学者以国家、省市的面板数据展开研究，使用了诸如金融市场融资规模、金融业的竞争、信贷资金分配的市场化等指标衡量金融发展，得出金融发展是降低二氧化碳排放的影响因素这一结论。Hao 等指出金融发展对碳排放的影响受到经济发展水平的制约，在经济增长水平较低时，金融发展减少了碳排放，但在经济增长水平较高时，结果恰恰相反。Jiang 将研究视角扩大，基于系统的广义矩量法和 155 个国家的数据考察了金融发展与碳排放之间的关系，将样本国家分为发达国家、新兴市场及发展中国家两个子组，进一步分析了国家差异，发现对于新兴市场及发展中国家来说，金融发展会显著增加碳排放，对发达国家的影响则并不显著。

来自约旦、土耳其等中东国家的证据表明，金融发展在短期和长期内都导致了碳排放量的下降。Acheampong 等探究了金融市场的整体发展及其子措施、金融市场准入和效率对碳排放的影响，得出在发达经济体中，金融市场的深度和效率有助于降低碳排放强度，而在前沿金融经济体中，金融会增强碳排放强度的结论。Orazio 和 Dirks 则以污染排放系数作为 G20 样本国家的分类标准，发现只有在高排放国家，金融发展对碳排放有显著的抑制作用。也有学者从金融结构角度出发，发现以市场主导的金融体系会加剧碳排放，以银行主导的金融体系会降低碳排放。Yao 和 Tang 则以直接融资与间接融资的比例划分金融结构，得出在发达国家金融结构与人均碳排放量呈负相关，在发展中国家则相反的结论。

（2）信贷行为与碳排放的关系。在信贷对碳排放的影响方向方面，国内外诸多学者给出了他们自己的见解。王金涛和黄恒基于国内 30 个省域层面的面板数据，运用面板平滑转换回归模型，发现绿色信贷对碳排放的影响存在环境规制的门槛效应。当环境规制程度较高时，绿色信贷能够显著抑制碳排放；当环境规制程度较低时，绿色信贷反而促进了碳排放。Huang 等也发现私人部门的信贷会导致碳排放的增加。Jiang 发现绿色信贷和绿色风险投资对碳排放量的减少有直接贡献。但有研究表明，信贷与碳排放之间的关系并不是简单的正负关系。比如，绿色信贷规模与以二氧化碳强度和全要素碳排放绩效分别为表征变量的碳排放呈倒 U 形关系，而在产业结构和技术创新的约束下，绿色信贷与碳排放之间可能存在非线性关系。

国外学者通过对信贷碳效应的方向研究，也得出了相似的结论。Khan 利用巴基斯坦 1982—2018 年的时间序列数据及新型动态模拟自回归分布滞后（ARDL）模型，证实信贷在短期和长期都对二氧化碳排放产生了消极影响。Alnassar 通过应用 2014 年 82 个国家的跨国家数据集研究了绿色信贷和 CPIA（环境可持续性指数）政策在碳减排方面的作用，研究结果显示，绿色信贷和环境可持续发展政策对减少污染有积极影响。

2. 区域视域下金融与碳排放的关系

（1）金融发展与碳排放的关系。廖珍珍和茹少峰根据 2011—2018 年我国 281 个地级及以上城市的面板数据，利用系统高斯混合（GMM）模型进行实证检验，发现数字金融与二氧化碳排放之间存在的倒 U 形关系在东部地区显著，而在中部和西部地区不显著。刘锋等利用 2010—2019 年中国 282 个地级市面板数据，实证分析中国绿色金融发展对碳排放的影响抑制作用具有区域差异，对西部地区碳排放抑制效应最明显，对中部地区碳排放抑制效应次之，对东部地区碳排放抑制效应不显著。马大来和杨光明从碳效率的视角开展研究，通过建立包含非期望产出的非径向、非角度的 SBM 模型，实证考察了金融发展、技术进步对低碳经济增长效率的影响，发现金融发展结构对低碳经济增长效率具有显著的正向作用，具体来说，国有大银行市场份额的提升有助于地区实现低碳经济转型。

（2）信贷行为与碳排放的关系。国内很多学者利用省级层面的面板数据展开研究，发现信贷的碳效应存在显著的地区差异且具有较强的空间溢出效应。不少研究表明，绿色信贷在微观层面通过企业经营绩效和企业创新，在宏观层面通过产业结构升级、促进绿色技术创新、地区信贷资源配置和地区示范效应机制实现节能减排，且相比中西部地区和低市场化水平地区，绿色信贷在东部地区和高市场化水平地区的节能减排效应更加明显。经济水平越发达、金融深化程度越高、研发投入越强的地区，绿色信贷政策的实施越能促进绿色技术水平的提升与要素结构的优化，并以此对碳排放效率产生显著的正向影响。而在高碳排放地区，货币信贷对二氧化碳排放存在更为显著的倒 U

形曲线。Cao 发现当信贷达到一定规模时，其在中国中部和西部地区对全要素碳排放绩效的抑制作用要大于东部地区。

二、金融对碳排放的影响机制

1. 金融发展对碳排放的影响机制　现如今，金融影响碳排放的作用机制也越来越多地受到了学界的重视，这对于国家政策的制定和规划有很强的参考价值。肖钢发现金融可以通过协同产业政策、消费政策、税收政策、碳市场的交易以及对可再生能源部门的绿色投资，推动"双碳"目标的实现。众多学者使用省级面板数据进行研究，发现能源结构的调整、技术创新、减少融资约束等在金融的碳减排效应中起到了显著的调节作用。

2. 信贷行为对碳排放的影响机制　在信贷对碳排放的影响机制方面，许多研究从实证出发，证明信贷会通过以下途径影响碳排放：一是通过促进经济增长来影响碳排放规模；二是以技术进步作为中介机制影响碳排放强度；三是作用于产业结构和能源结构；四是通过资源配置效应和绿色创新效应影响碳排放。这些研究为日后制定如何缩小地区间的碳减排差异政策提供了很多非常有建设性的参考，比如针对不同区域定制差别化的节能减排激励约束措施、提高市场化水平、加大研发投入、促进清洁能源产业结构的进步、提高绿色创新水平等。

三、金融对农业碳排放的影响内涵及机制

1. 金融发展与信贷对农业碳排放的影响内涵　目前，学术界对金融发展影响农业碳排放的作用方向的研究尚无统一定论。鲁钊阳研究了农村金融发展与农业碳排放的关系，发现金融发展的碳效应具有显著的区域异质性。在东部地区，农村金融发展的程度越高，对农业碳排放产生的抑制作用越大，而金融效率的提高又会进一步增加农业碳排放；在中、西部地区，农村金融发展与金融效率对于农业碳排放的影响与东部地区呈现相反趋势。程文等发现农村金融规模的发展程度越高，农业碳排放量和碳排放强度都会呈现倒 U 形趋势，即先增加后减少，而农村金融资源配置效率的提高在很大程度上会抑制农业碳排放量及碳排放强度。也有学者利用河南省 17 个省辖市的面板数据进行实证分析，发现农村金融发展规模对农业碳排放有显著抑制作用，且表现出双重门槛效应，农村金融发展效率的减碳效应大于金融发展规模。因此，提高农村金融规模和资金配置效率有利于低碳农业的发展。卢晓芸和雷雪研究了碳税对不同生产部门的影响，发现碳税对农业的二氧化排放影响相对较低，构建绿色金融体系助力碳中和势在必行。

2. 金融发展与信贷对农业碳排放的影响机制　研究发现，农业投资在农村金融发展影响农业碳排放的过程中发挥了显著的中介效应。具体来看，Guo 等研究了金融对化肥使用和农业碳排放的影响，发现金融可以通过控制化肥使用量显著减少农业碳排放，为日后的碳减排工作提供了具体的路径指导。有学者认为可以将绿色信贷指标作为信贷审批的条件，为农业市场中符合绿色环保标准的农业企业提供更多的信贷资金支持。

3. 基于农牧户的微观视角的农牧户信贷、生产行为碳效应分析　信贷是农牧户为提高自身流动性资金而广泛使用的一种方式，有学者得出信贷能够促进农业生产性投资的增加，即随着农户信贷水平的提高，农户的生产投入和生产规模会越来越大。相关研究基于

农业生产投入的视角，对农户的信贷行为进行分析，并尝试评价其福利效应，发现正规信贷对农业生产投入和农业收入的提高有显著的正向作用，而民间信贷对农业收入没有显著影响，促进生产投入的程度也较低。吴笑语和蒋远胜基于2015年中国家庭金融调查（CHFS），发现农户的信贷规模与农业生产性投资之间也呈现显著的正相关。范方志根据农户微观调研数据，发现信贷资金被用于农业生产的中间投入将对农业生产技术效率有显著的正向影响。

考虑到科学技术对农业发展有根本的推动作用，能够起到提高农资利用率、降低成本、促进规模化等作用，很多学者在碳排放问题的文章中将技术作为关键变量进行研究，并证实了通过增加农业科技投入和提高农民文化素质两种途径也能够很好地抑制农业碳排放，农业科技进步水平的提升也有利于减少农业碳排放，此外，农业机械化的进一步普及也能够通过促进产业升级这一渠道来减少碳排放。

综合已有文献可以发现，从宏观层面来看，学者分别对金融和信贷对碳排放的影响进行了较为深入的研究，取得了丰富成果，也为本研究提供了诸多参考，目前的研究发现主要具有以下三个特点：

第一，已有的经验研究和实证研究更多地关注国家、省市层面的信贷碳效应问题，在关键解释变量的选取上较多使用绿色信贷产品，探讨信贷产品在生态角度的创新是否能够通过规避污染行为、创新绿色技术等渠道切实起到环境保护的作用。研究数据的选取也更加宏观，多数研究采用面板数据，基于微观层面对信贷碳效应问题的讨论较少。

在微观层面，诸多研究表明农户信贷对生产的影响主要体现在直接通过信贷资金或间接通过提高农业收入扩大生产投入、加大生产规模、提高生产技术等方面，也得出了提高农民素质、提高科技投入和机械化水平能促进碳减排的结论，但这些结论的得出多是以种植业为主的农业为基础的，畜牧业在养殖模式、经营规模、风险管控、成本投入、生产技术等方面都与种植业存在较大差异，针对畜牧业碳排放的研究有待进一步完善。

第二，已有研究对研究对象的选择大多数集中在污染系数高的产业，主要围绕污染气体排放进行测算，其对环境的影响更加直接，对碳排放量的测量也更加直接，导致金融产品的增碳或减碳效应更加明显。不同于这些直接排放的企业或行业，种植业和畜牧业的碳排放存在于全链条的生产经营活动中，但相较于不同作物碳排系数标准相对统一的种植业，现阶段对于畜牧业碳排放的测算尚没有一个统一的标准，再加上不同草原类型的碳汇能力也存在差异，在一定程度上制约了具体研究的开展。

第三，已有研究通过探讨信贷的碳效应在地理区位、发展水平等不同划分角度的地区存在的差异，得出信贷的碳效应存在非常明显的地区差异，即在中西部地区、低市场化地区、经济水平不高的地区，信贷的碳减排效应并不明显。这些研究结论对于内蒙古碳减排的研究有很大的参考价值，为下一步地区碳减排政策的制定实施提供了思路，即可以通过产业结构升级、促进绿色技术创新、地区信贷资源配置和地区示范效应机制实现节能减排。

以此为背景，本研究重点探究牧户信贷对畜牧业碳排放的影响，以内蒙古畜牧养殖户抽样调查数据为基础，探索信贷对畜牧业碳排放的影响机制，试图通过研究得出的一系列结论提出相关的政策建议，为新时代下的畜牧业低碳高质量发展、针对畜牧业绿色升级的特色金融产品的研发以及提高牧户进行低碳生产意识和能力提供一定的参考依据。

第三节　理论分析和研究假说

考虑到一方面内蒙古畜牧业以传统养殖模式为主，更多依赖于天然草场，经营管理呈粗放态势，低碳路径目前很难实现；另一方面，牧民对信贷产品的应用更多基于改善生活现状的目的，缺乏保护环境的意识，很容易忽视生产过程中造成的碳排放过量问题。对于传统养殖牧户而言，信贷的资金支持可以为其提供更加灵活的流动性资金，为了通过畜牧业生产获得更高的收入，提高家庭的生活水平，牧户往往会增大生产投资，比如增加围栏、水井等，购买活畜仔来扩大养殖规模。基于以上讨论，我们认为，牧户为了提高生产水平，倾向于使用信贷资金提高牲畜养殖数量、改进机械的技术以及增加农用物资的投入。由此，本研究提出以下假说：

假说 1：牧户的信贷行为会增加畜牧业经营性碳排放。

假说 2：牧户的信贷行为通过扩大养殖规模增加畜牧业经营性碳排放。

在尚未实现现代化的牧区，信贷通过资金支持激励牧民购买牲畜、草料等生产资料，进一步扩大养殖规模。在农业生产中，种植规模的扩大提高了土地资源使用效率，促进了机械化生产，可提高生产效率。但与农业规模化不同的是，在牧区，各个牧民的居住地较为分散，且放牧草场面积也各不相同，受气候环境的影响，存在转场放牧的情况，此外，牧户也受到设备、技术等客观条件的限制，多采用家庭型畜牧业生产，这种生产模式很难实现规模效应，养殖规模的扩大短期来看只会增加碳排放量。

假说 3：牧户的信贷行为通过改变牲畜结构增加畜牧业经营性碳排放。

在农业碳排放的研究中，很多学者得出农业种植结构"趋粮化"是影响碳排放的重要中介环节的结论，即相较于经济作物而言，粮食作物具有碳排放量相对较低的特点，农业种植结构的调整会产生一定的碳减排效应。同样，畜牧业养殖结构应该也是影响碳排放的重要因素，若牛、羊等反刍动物的养殖规模差异较大，碳排放量也会不同。当牧民通过信贷获得流动资金后，为了进一步扩大养殖规模获取更多收益，可能会改变现有的牲畜养殖结构，一部分牧户会在养殖规模较大的基础上更多地购买和养殖经济效益更高的牛，一部分牧户可能会继续购买现阶段普遍饲养的羊，通过改变养殖结构提高畜牧业的经营效率，进一步影响畜牧业经营性碳排放水平。

假说 4：牧户的信贷行为通过提高机械化水平增加畜牧业经营性碳排放。

在种植业中，机械化水平的提升会增加单位亩产，起到提高生产效率的作用，同时也产生了更多的农机设备的能源消耗。考虑到目前还没有普及率高的低碳养殖技术，对于当前阶段的牧民来说，提高机械化水平是能实现的技术效应，往往体现在农机设备数量的增加。牧民可以通过信贷资金购买机械设备，提高养殖效益，但在机械化水平上升初期，低耗的目标很难实现，机械设备购入的同时加大了对燃料能源的消耗，在短期会加大畜牧业碳排放量。

第四节　牧户生产生活特征及信贷行为分析

一、牧户特征及信贷行为分析

1. 数据来源　考虑到内蒙古畜牧业仍处于传统畜牧业的发展阶段，存在长期的路径依赖，即畜牧业的生产方式长期保持稳定，没有新的技术或生产要素刺激，本研究使用的数据来自内蒙古大学 2014 年典型草原家庭草原牧场模式牧户的抽样调查。调查样本跨 7 个乡镇，涉及个体、家庭的社会经济信息，有较详细的家庭经济活动、社会交往等方面的数据，共获得 168 份问卷。基于本研究所关注的问题，经过对相关数据的合并整理，选用 131 份牧户样本的调查数据，造成部分问卷无效的原因主要是关键数据不完全。

2. 样本地区分布情况　表 10 - 1 是样本牧户的地区分布情况，此次调查以阿尔善宝力格镇、白音锡勒牧场、宝力根苏木和朝克乌拉苏木的牧户为主，样本数分别为 31、28、34 以及 22，其余三个地区的调查牧户数量平均在 5 个左右。

表 10 - 1　样本牧户的地区分布情况

盟（市）名称	苏木（乡镇、牧场）名称	嘎查（个）	样本数（户）	占比（%）
锡林浩特市	阿尔善宝力格镇	7	31	23.67
锡林浩特市	毛登牧场	2	5	3.82
锡林浩特市	白音锡勒牧场	2	28	21.37
锡林浩特市	宝力根苏木	9	34	25.95
锡林浩特市	贝力克牧场	1	5	3.82
锡林浩特市	朝克乌拉苏木	6	22	16.79
阿巴嘎旗	白音库伦牧场	3	6	4.58
	总计	30	131	100

3. 样本牧户家庭基本情况

（1）牧户户主特征。如表 10 - 2 所示，牧户户主特征主要包括性别、年龄、受教育程度以及是否从事非畜牧业工作。总体来看，样本牧民以男性居多，约占 85%，女性约占 15%，这反映出草原畜牧业生产活动涉及畜产品生产、销售、分配等一系列环节，男性在生产过程中作为主要劳动力，更具有生产优势。年龄分布方面，40 岁以下人数与 41～50 岁人数基本持平，60 岁以上人数仅占 6.87%，反映出草原畜牧业生产的劳动力较为充足，老龄化尚不严重。受教育程度方面，约 32% 的牧民是小学学历，55% 以上的牧民是初中学历，普遍识字，相比于未接受过教育的牧民有较强的学习能力和生产决策能力。从事非畜牧业工作的人仅占 7.63%，说明大多数牧民以畜牧业生产为主要生计来源，对于畜牧业生产的依赖性较强。

表 10 - 2　牧户户主特征

牧户特征		频率	占比（%）	累计占比（%）
性别分布	男	111	84.73	84.73
	女	20	15.27	100
年龄分布	40 岁及以下	47	35.88	35.88
	41～50 岁	44	33.59	69.47
	51～60 岁	31	23.66	93.13
	60 岁以上	9	6.87	100
受教育程度	0～5 年	42	32.06	32.06
	6～9 年	73	55.72	87.78
	9～12 年	14	10.69	98.47
	12 年及以上	2	1.53	100
从事非畜牧业工作	是	10	7.63	7.63
	否	121	92.37	100

以上特征说明调查区域的畜牧业生产较为稳定，有充足的劳动力且绝大多数牧民接受过教育，大多以从事畜牧业工作为主，这些都从侧面反映出牧户有一定的学习能力和畜牧业生产经验，未来新技术的推广、低碳理念的宣导和低碳融资产品的使用等一系列畜牧业绿色低碳生产的改进途径都有很稳定的发展空间。

（2）样本牧户生产经营情况。从表 10 - 3 可以看出，样本牧户的生产经营情况呈以下特点：拥有草场面积在 5 000 亩以下与 5 000～10 000 亩的牧民各占约 50%，表明牧户的草场拥有量差距不大，基本具备日后发展畜牧业规模化生产的条件。约 70% 的牧民家庭人口在 4 人以下，表明各牧户家庭的固定劳动力人数相近，但也不排除牧户会根据自身经营特点按月或者按天聘用劳动力的情况。畜牧业收入与支出方面，收入在 10 万～30 万元的牧户占比最大，约占总牧民数的 35%，其次是 5 万～10 万元，其余收入区间人数相近。约 40% 的牧民支出在 1 万～5 万元，支出在 30 万元以上的仅有 1 户，其余支出区间人数相近。这反映出牧户整体的经济效益较好，牧户的畜牧业生产积极性较高，对于新技术、新设备的接受度也会更高，未来畜牧业低碳转型有很大潜力。

表 10 - 3　样本牧户生产经营情况

生产经营特征		户数（户）	占比（%）	累计占比（%）
草场面积	5 000 亩以下	55	41.98	41.98
	5 000～10 000 亩	60	45.80	87.78
	11 000～20 000 亩	12	9.16	96.94
	21 000～30 000 亩	3	2.30	99.24
	30 000 亩以上	1	0.76	100

（续）

生产经营特征		户数（户）	占比（%）	累计占比（%）
家庭人口数	4 人以下	91	69.47	69.47
	5 人	26	19.85	89.32
	6 人	10	7.63	96.95
	6 人以上	4	3.05	100
畜牧业收入	1 万元及以下	17	12.98	12.98
	1 万～5 万元	22	16.79	29.77
	5 万～10 万元	35	26.72	56.72
	10 万～30 万元	46	35.11	91.60
	30 万元以上	11	8.40	100
畜牧业支出	1 万元及以下	29	22.14	22.14
	1 万～5 万元	51	38.93	61.07
	5 万～10 万元	26	19.85	80.92
	10 万～30 万元	24	18.32	99.24
	30 万元以上	1	0.76	100

4. 样本牧户信贷特征

（1）牧户的信贷行为。 表 10-4 反映了牧户是否具有信贷行为以及按收入水平划分信贷资金的具体统计数据，呈现出的牧户信贷行为具有以下几个特征：一是牧户信贷的频率较高，相较于未参与信贷的牧户，86.26% 的牧户会通过信贷进行融资，且信贷金额的均值为 101 544 元，对于牧户的生产经营来说，这笔借贷资金的数量还是很大的，可以用来购买一定数量的牲畜扩大养殖规模，修建围栏、水井之类的生产设施等。二是低收入牧户（10 万元以下）的信贷频次最多，有信贷行为的牧户所占比重在各收入水平中也最多，高达 87.88%，这可能是由于低收入家庭对畜牧业生产经营有很强烈的资金需求，希望借助信贷等融资行为进一步增强经营资金的流动性，比如通过购买更多牲畜扩大生产规模来增加未来的养殖收入；中等收入牧户家庭（10 万～30 万元）的信贷人数略低于低收入家庭，但总体比重也很高，为 85.19%，中等收入家庭的经营规模更大，偿债能力更强，在经营活动中，与低收入家庭直接增加牲畜数量不同，他们更倾向于对整体畜牧业的扩大再生产，比如购买一些机械农机设备来提高生产效率，提升生产性投资水平；高收入牧户家庭（30 万元以上）的生产规模和收益通过长年的积累与发展，已经达到一定的水平，其对信贷的需求占比最低，为 81.82%。

从信贷金额的角度进行分析，低收入牧户虽然信贷频次最高，但信贷金额却最低，均值为 97 232 元，与中等收入牧户相差约 2 000 元，差距不明显，与高收入牧户相差约 5 万元，差距较大。相较于低收入牧户，中等收入牧户和高收入牧户有较强的偿债能力，用作抵押的草场面积和牲畜数量更大，这可能是导致三者之间信贷金额有差距的原因之一。除此之外，不同收入水平下的生产经营侧重点不同，低收入牧户更倾向于通过购买种畜扩大养殖规模来提高未来的收入，中等收入牧户的经营规模已经达到一定水平，更多的资金会用来购买草料或者租用草场进行扩大再生产，高收入牧户则会将信贷资金用于畜牧业生产经营的各个方面。总体来说，本次调研的牧户整体的融资情况呈现出信贷行为较为普遍且信贷金额较高的特点，说明畜牧业生产经营的融资发展趋势良好。

表 10 - 4　牧户的信贷行为及金额统计

收入水平	是否有信贷行为	户数（户）	占比（%）	信贷金额均值（元）
10 万元以下	是	58	87.88	97 232
	否	8	12.12	—
10 万～30 万元	是	46	85.19	99 021
	否	8	14.81	—
30 万元以上	是	9	81.82	142 222
	否	2	18.18	—
总计	是	113	86.26	101 544
	否	18	13.74	—

（2）牧户的信贷渠道分析。表 10 - 5 分析了牧户的不同信贷渠道以及在不同信贷渠道下的具体信贷金额。具体来看，牧户的信贷来源主要有向农村信用社等村镇银行贷款的正规信贷，还有向身边的亲朋好友借钱的民间信贷。两种信贷方式的最大差异在于民间信贷一般不会收取过高的利息甚至是无利息借贷，而正规信贷会根据不同的信贷金额收取相应的利息，并且以一定的草场和牲畜作为抵押。总体来看，来自银行的正规信贷占所有信贷渠道的 88.14%，究其原因可能是对于牧区牧户来说，牧户家庭的主要资产是畜群，牧户主要通过收售牲畜进行资金的变现和融通，现金流的概念不是很普及，民间借贷需要大量闲置资金的条件无法满足。除此之外，牧区往往呈现出地广人稀的特点，牧户之间的距离较远，交通条件不是特别便利，造成牧民相互之间的交流存在客观条件的阻碍，影响类似借贷行为的开展。这些因素都会导致更多的牧户倾向于向银行借贷。

表 10 - 5　牧户的信贷渠道及金额统计

信贷渠道	金额	户数（户）	占比（%）	信贷金额均值（元）
正规信贷	10 万元以下	65	62.50	48 307
	10 万～30 万元	38	36.54	158 421
	30 万元以上	1	0.96	500 000
民间信贷	10 万元以下	20	80	34 975
	10 万～20 万元	5	20	120 000
正规信贷和民间信贷相结合	正规信贷	16	—	105 000
	民间信贷	—	—	62 468

对于正规信贷渠道下的信贷金额，在 10 万元以下的牧户占 62.50%，10 万～30 万元的牧户占 36.54%，均值分别为 48 307 元和 158 421 元，且两组数据都位于中位数附近，整体呈现出分布较为集中、离散程度较低的特点，表明正规信贷金额在规模较大的同时，

数额较为集中，牧户对正规信贷的需求较强。一方面，对牧户生产经营来说，大面积的草场放牧需要匹配相应规模的生产性投资，畜牧业生产往往具有高投资率的特点，银行提供的资金规模更大、稳定性更强，会对牧户的长久经营起到更强的支持作用；另一方面，随着草场承包的推行，牧户在生产经营中需要独立承担更多的生产性投资，比如建设草地围栏、修建水井、建造畜棚以及购置机械农机设备等，对规模大且稳定的资金需求比较强。而民间信贷中，借贷金额在 10 万元以下的牧户数量为总数的 80%，金额为 34 975 元，位于中位数的左侧，说明牧户民间借贷的金额较低。从调研数据的具体数值来看，更多牧户的借贷金额在 1 万元左右，民间资金需求不大，这也和牧户在畜牧业生产过程中资金流动性不强、牧户之间相距较远等主客观因素有关。

二、碳排放量的测量

目前学术界测算畜牧业碳排放的主要方法有 OECD 法、IPCC 法、LCA 法以及 I - O 法等。考虑到畜牧养殖业经营性碳排放一般包括牲畜的肠道发酵、粪便管理以及生产过程中的能源耗费三个方面，本研究采用较为常用的 IPCC 系数法，参考《省级温室气体清单编制指南 2011》以及《2006 年 IPCC 国家温室气体清单指南》中各牲畜和能源的具体排放因子及计算方法，得到牲畜肠道发酵、粪便管理以及使用煤炭、柴油和汽油产生的氧化亚氮和甲烷的排放量，进而得到二氧化碳排放量。具体排放因子数据见表 10 - 6 和表 10 - 7。

表 10 - 6　动物 CH_4 排放因子

牲畜种类	肠道发酵 CH_4 排放因子	粪便管理 CH_4 排放因子	粪便管理 N_2O 排放因子
奶牛	99.3	5.93	1.447
非奶牛	85.3	1.86	0.545
羊	7.1	0.30	0.074
马	18	10.9	0.33

注：因数据中的牛并没有区分是奶牛还是非奶牛，所以本研究以奶牛和非奶牛的排放因子平均数作为指标进行计算，即肠道 CH_4 发酵因子为 92.3、粪便管理 CH_4 排放因子为 3.90，粪便管理 N_2O 排放因子为 0.996。

数据来源：省级温室气体清单编制指南 2011。

表 10 - 7　能源投入碳排放系数

能源名称	折标准煤系数（千克标准煤）	平均低发热值	单位热值含碳量（吨碳/万亿焦）	碳氧化率	二氧化碳排放系数（吨碳/吨）
煤炭	0.714	20 908	26.37	0.94	1.900 3
汽油	1.471	43 070	18.9	0.98	2.925 1
柴油	1.457	42 652	20.2	0.98	3.095 9

数据来源：省级温室气体清单编制指南 2011。

畜牧业经营性碳排放量的具体测算公式如下：

$$C_e + C_a + C_f \tag{1}$$

式（1）中：C_e 为畜牧业经营性碳排放总量，C_a 为牲畜碳排放量，C_f 为能源碳排放量。

$$C_{CH_4} = \sum_{i=1}^{3}(EF_{CH_4i} \times N_i) \tag{2}$$

$$C_{N_2O} = \sum_{i=1}^{3}(EF_{N_2O} \times N_i) \tag{3}$$

$$C_a = C_{CH_4} \times 28 + C_{N_2O} \times 265 \tag{4}$$

式（2）、（3）、（4）中，C_{CH_4} 为牲畜甲烷总排放量，EF_{CH_4i} 为第 i 种动物的甲烷排放因子，N_i 为第 i 种动物的数量。C_{N_2O} 为牲畜氧化亚氮排放量，EF_{N_2Oi} 为第 i 种动物粪便管理氧化亚氮排放因子。

甲烷和氧化亚氮在 100 年尺度上的增温趋势分别为二氧化碳的 28 倍和 265 倍。

$$C_f = \sum_{k=1}^{3} F_k \times CEF_k \tag{5}$$

$$CEF_k = NCV_k \times COF_k \times CPV \times 44/12 \tag{6}$$

式（5）、（6）中，F_k 表示三种能源数量，CEF_k 表示能源 k 的二氧化碳排放系数，NCV_k 表示能源 k 的平均低发热值，CPV_k 为能源 k 的单位热值含碳量，COF_k 表示能源 k 的碳氧化率，44/12 是碳与二氧化碳的化学分子式的比值。

三、变量选取

1. **被解释变量** ——畜牧业经营性碳排放量。通过 IPCC 系数法构建畜牧业生产经营活动中的碳排放量，主要由牲畜的肠道发酵、粪便管理以及生产经营中产生的能源耗费三个部分组成。

2. **核心解释变量** ——信贷行为。将牧户在一年内通过银行获取信贷资金或者向身边的亲朋好友借钱的行为一律视为存在信贷行为，分别作为银行信贷和民间信贷来分析。若牧户家庭在"有通过银行贷过款或向亲友借过钱"的问题中选择了"是"的选项，则定义该牧户有信贷行为，否则为无信贷行为。信贷金额为从银行借款或者向亲友借款的总金额。

3. **其他控制变量** 基于现有文献对信贷行为的分析，匹配变量一般包括户主特征、家庭特征、社会资本和金融服务等方面。根据牧户的经营特征，本研究选择户主特征和家庭特征两方面对牧民信贷行为产生的影响进行分析，其中户主特征变量包括性别、年龄、受教育年限，家庭特征变量包括土地数量、自有房屋数量、劳动力数量、从事畜牧业生产经营活动所得经营收入、打草量以及畜牧业经营产值。

4. **描述性统计** 表 10-8 反映了本研究两阶段估计中主变量的描述性统计情况，通过均值差异检验，比较信贷组和无信贷组下各变量均值差异。具体有以下特征：碳排放量通过 1‰水平的显著性检验，说明本研究的核心被解释变量在两组间具有显著差异，即信贷行为会影响牧户畜牧业经营性碳排放量，有信贷行为的牧户的平均碳排放量比无信贷行为的牧户的平均碳排放量高出 84.71 吨。个体特征变量中，受教育年限通过 5‰水平的显著性检验，说明有信贷行为的牧户平均受教育时间要高于无信贷行为组，即受教育水平越高越倾向于进行信贷。家庭特征中，家庭经营收入和打草量均通过 1‰水平的显著性检验，与无信贷行为的牧户相比，有信贷行为的牧户打草量多出 12 048.46 捆，家庭经营收入高出 32 601.76 元，表明有信贷行为的牧户生产能力更强，畜牧业经营收入更高。总体来看，信贷组和无信贷组之间存在显著差异。

表 10 - 8　变量的统计描述

变量类型	变量名称	变量说明	信贷组		无信贷组		均值差异检验
			平均值	标准差	平均值	标准差	
被解释变量	碳排放量	单位：吨	223.271 9	18.168 7	139.362 4	11.409 1	−84.71***
户主特征变量	性别	男＝1；女＝0	—	—	—	—	—
	年龄	单位：岁	46.293 9	0.553 8	46.859 7	0.903 2	0.57
	受教育年限	单位：年	7.795 7	0.165 8	7.131 6	0.274 0	−0.66**
家庭特征变量	土地数量	单位：亩	5.243 6	0.282 8	5.485 2	0.581 0	0.228
	劳动力数量	单位：人	3.888 9	0.075 1	3.903 5	0.115 5	0.02
	自有房屋数量	单位：套	1.845 9	0.042 8	1.833 3	0.073 6	−0.24
	家庭经营收入	单位：元	121 633.3	6 779.84	89 031.54	8 854.35	−32 601.77***
	打草量	单位：捆	16 457.95	4 372.93	4 409.49	1 069.32	−12 048.46***
	畜牧业经营产值	单位：元	169 571.5	14 393.59	211 853.9	55 767.98	433 337.91

注：＊、＊＊与＊＊＊表示10%、5%与1%水平的显著性检验，下同。信贷组是指有银行信贷或者民间信贷行为的牧户，样本量为113。无信贷组是指无银行信贷或者民间信贷的牧户，样本量为18。

第五节　牧户信贷行为的碳效应实证分析

一、碳排放量视角下的信贷行为碳效应分析

1. **模型构建**　在畜牧业生产过程中，当其他条件一致时，牧户是否发生信贷行为产生的碳排放差异就是信贷行为对畜牧业生产的纯碳排放效应。由于本研究使用数据是横截面数据，鉴于时间点的一致性，只能观察到牧户在发生信贷行为之后的生产投入行为，无法获得发生信贷行为前的生产经营情况，即无法对信贷行为前后的实际差异进行比对。因此，本研究将调研牧户分为两组，即处理组（信贷组）和控制组（非信贷组）进行讨论。

考虑到有信贷行为和没有信贷行为的牧户经营性碳排放量有差别，造成差别的原因可能有很多，是否因为信贷这一因素也不能完全确定，可能存在内生性问题，造成选择性偏差，会导致信贷对牧户碳排放量的边际效应估计不准，影响后续的实证结果和结论，本节将采用 Treatment Effect Model 来估计参加家庭信贷对畜牧业经营性碳排放量的影响。该模型的公式如下：

$$y_i + \alpha X_i + \beta_{Z_i} + \varepsilon_{1i} \tag{7}$$

$$Z_i^* = rw_i + u_i \tag{8}$$

式（7）中，Z_i 表示内生性选择变量"是否有信贷行为"（未参加＝0，参加＝1），主要由式（8）潜变量 Z_i^* 的取值确定；y_i 表示第 i 个牧户的碳排放量，X_i 是一组向量组，

由影响牧户碳排放量的其他变量组成；ε_i 是均值为 0 的随机变量。

模型主要从以下两个阶段展开：

第一阶段，建立 Z_i 的决策方程，

$$P(z_i = 1 \mid x_1, x_2, \cdots, x_i) = \phi(\beta_0 + \beta_1 x_1 + \beta_2 x_2 + \cdots = \beta_i x_i) \tag{9}$$

式（9）展示的是标准正态累积分布函数 $\phi(x)$；$x_i = (i=1, 2, \cdots, n)$ 表示第 i 种影响样本牧户参与信贷的因素，主要考虑牧户参与信贷的影响因素，包括牧户的性别、年龄、年龄平方、受教育程度、健康状况、劳动力人数、土地数量以及房屋数量；β_i 为回归系数；β_0 为常数项。

在式（9）Probit 回归的基础上，通过计算每个影响因素的 Mills 逆转比率（λ），得出自选择偏差的估计值，即式（10）。其中，$\varphi(x)$ 是标准正态分布密度函数，$\varphi(x)$ 是标准正态累积分布函数，$\hat{\beta}$ 为（14）式中回归系数 β 的估计值。

$$\lambda_i = \begin{cases} \varphi(\hat{\beta}_{xi})/\varphi(\hat{\beta}_{xi}), z_i = 1 \\ -\varphi(\hat{\beta}_{xi})/\{1 - \varphi(\hat{\beta}_{xi})\}, z_i = 0 \end{cases} \tag{10}$$

第二阶段，将 λ 作为一个选择性偏差修正项，以自变量的形式引入式（7），建立处理回归方程，以 OLS 估计得到无偏的系数估计值，即式（11），λ_i 用以估计内生性选择偏差的存在与否。此阶段主要考虑牧户信贷行为对于畜牧业经营性碳排放量的影响，在控制变量的选取上，选择受教育年限、土地数量、信贷金额、生产性投资、畜牧业收入以及产值。

$$y_i = \beta_{xi} + \rho\sigma\lambda_i + \alpha X_i + \varepsilon_i \tag{11}$$

2. 回归结果 模型得出的回归结果见表 10 - 9。可以看到，Wald chi2 值为 58.84，P 值为 0，表明信贷行为的碳效应存在较为显著的内生性问题，采用 Treatment Effect Model 可以很好地克服内生性问题，得出较为稳健的结果。

表 10 - 9 Treatment Effect Mode 模型计量结果

阶段	变量	系数	标准误	z	$P>z$
	受教育年限	−13.935 2**	6.357 7	−2.19	0.028
	土地数量	15.016 9***	3.103 7	4.84	0.000
	信贷金额	0.000 3**	0.000 2	2.19	0.028
	生产性投资	0.000 9*	0.000 5	1.90	0.057
	信贷可得性	242.574 2*	131.838 0	1.84	0.066
第一阶段回归	畜牧业经营收入	0.000 1	0.000 2	0.64	0.522
	产值	0.000 5***	0.000 0	6.93	0.000
	常数项	163.176 3	136.951 1	1.19	0.233
	性别	0.390 7	0.397 6	0.98	0.326
	年龄	−0.464 3**	0.233 5	−1.99	0.047
	年龄平方	0.005 2**	0.002 6	1.99	0.046
	受教育年限	0.122 0*	0.062 7	1.95	0.052

（续）

阶段	变量	系数	标准误	z	$P>z$
	健康状况	−1.011 8	0.658 4	−1.54	0.124
	劳动力数量	0.115 5	0.142 3	0.81	0.417
第一阶段回归	土地数量	−0.055 7**	0.023 3	−2.39	0.017
	房屋数量	0.274 1	0.181 5	1.51	0.131
	常数项	−0.118 0	1.452 2	−0.08	0.936
lambda	−165.075 3**				
Wald chi2	58.84				
Prob > chi2	0				
Number of obs	131				

注：＊、＊＊、＊＊＊分别表示10％、5％、1％的水平上显著。

　　具体来看，第一阶段的回归主要考察影响牧户信贷可得性的因素。从结果来看，户主年龄对信贷行为的影响系数为−0.464 3，年龄平方对信贷行为的影响系数为0.005 2，二者都在5％的置信水平上显著，表明户主的年龄对于信贷行为的影响呈U形，即年龄对其参与信贷呈先减后增的趋势，随着年龄增长，户主更倾向于不去信贷，且信贷行为的发生概率在到达拐点后又会继续增加。其原因可能是户主年龄的增加意味着其从事畜牧业生产的时间也在增加，积累了更多的生产要素，有更加充足的生产基础，对于信贷等的融资需求降低，但随着生产规模的不断扩大，当前的生产技术或设备已无法满足更高的生产需求，于是牧户选择了通过信贷拓宽融资的渠道，获得额外的生产资金投入经营活动。

　　户主受教育程度在10％的置信水平下对牧户信贷可得性有显著正向影响。随着户主受教育年限的增长，其获得信贷的可能性越大。具体而言，户主受教育年限每增加1年，获得信贷的概率将增加12.2个百分点。这是由于户主的受教育水平会拓宽其知识范围，金融知识水平越高，对于正规信贷的获取条件和程序就越了解，信贷需求也就越高，通过学习新鲜事物并合理应用到生产经营活动中去，可以很好地改善当前的生产经营条件。这也从侧面体现出牧户对于信贷等金融产品的使用有一定的学习效应，可以加大宣传力度和科普教学，提高牧户的金融知识储备，让更多牧户能够充分利用好各种类型的融资产品，在生产经营的各个环节都能得到金融保障。

　　土地数量在5％的置信水平上对信贷产生负向影响，土地数量越多，信贷可得性越小。土地数量的拥有量是牧户生产规模的侧面体现，拥有土地数量更多的牧民一般情况下都有着更多的牲畜数量，还要匹配相应数量的机械设备等其他生产投资，用以供给大规模的牲畜养殖。土地数量对信贷行为的系数为负，表明对于拥有更多土地的牧民来说，现有的养殖规模或已达到富足经营，不需要再通过获得信贷来改善生活。

　　以上结论具有一定的现实意义。对于牧户的畜牧业经营来说，一直以传统的畜牧生产方式为主，在没有信贷等金融产品进入畜牧生产时，大多数牧户选择保持现有的生产规模和生产方式，生产经营的结果完全受自然因素影响，雨水充沛就是丰收年，天气状况差就只能接受亏损的命运，缺少风险防控意识，也缺少改变自身经营条件的主动性。当牧民接受了更高的教育，接受新鲜事物的能力就会增强，会进一步地提高其改善生产经营条件的能力，即牧户的受教育程度越高，越倾向于采用新方法，对新鲜事物的接受度也更高。由此，金融机构可以对受教育程度高的牧户进行针对性的推广和宣传，使其成为绿色低碳畜牧金融产品的首批受众，进一步发挥带头作用，使金融助力低碳养殖得以普及。

对于那些土地较多的牧民来说，他们的养殖水平已经很高，信贷等金融产品对他们来说缺乏吸引力，并且不会对他们的生产生活产生显著影响。但这也从另一个角度说明，简单提供短期资金融通服务的信贷产品还有很大的改善空间，可以针对不同规模的牧户，提供不同的金融产品。现在正处于由传统畜牧业养殖向现代化养殖转型的过程中，畜牧业生产规模化、专业化是一个必然的趋势，散养、散放的养殖方式正在受到市场高标准要求的巨大挑战，规模化养殖势在必行，但专业化也意味着大量的资金支持，体现在需要更新专业设备、修建专业化设施等方面，不仅如此，绿色低碳生产技术也需要资金的大量投入。在改变养殖模式、转向规模化生产的道路上，经营水平高的牧户是重要力量。对于低碳养殖技术推广者而言，这部分生产经营水平高的牧户是前期技术推广的主要目标群体，可通过他们的前期参与和低碳生产的实现，形成示范效应，不断推进现代化畜牧业生产的低碳发展。

第二阶段回归结果显示，牧户的信贷行为在 10% 置信水平下对畜牧业经营性碳排放的增加具有显著正向影响，信贷金额同样通过了 5% 的置信水平检验，表明信贷行为具有一定的增碳效应，验证了前文提出的假说 1，即牧户的信贷行为会增加畜牧业经营性碳排放。初步推断其原因，在于信贷的资金支持可以为牧户的畜牧业养殖活动提供多方面的辅助，比较直接的有扩大牲畜的养殖规模。产值在 1% 的置信水平下显著，表明信贷资金的支持通过提高牧户产值增加碳排放；生产性投资在 10% 的置信水平下显著，表明信贷资金支持也可能通过增加生产投资间接增加碳排放量，为之后进一步讨论信贷对碳排放的影响机理提供参考。

对于传统模式下的畜牧业经营活动来说，牧户的生产生活方式较为简单，多为粗放数量扩张型，基础建设也比较落后，抗风险能力较差，收入来源多集中在畜牧产品销售的单一渠道，导致信贷对于牧户的影响更多地体现在加大生产活动的投入上，数量的扩张带来的直接影响就是来自牲畜的碳排放增加。由此，在信贷产品的提供上，可以做出进一步丰富和细化，针对畜牧业生产经营过程的不同环节给予不同利率水平的信贷补给，激发牧户进一步拓宽可用资金的使用渠道，比如可以通过获得借贷成本更低的技术信贷来增加育种或者防疫技术的投入，以此来提高牲畜质量，而不是单一地选择提高牲畜数量，造成养殖过程中碳排放量增加。牧户的受教育年限对于碳排放量的影响系数为 -13.9352，在 5% 的置信水平下负向显著，说明随着牧户受教育程度的上升，其畜牧业经营性碳排放强度会降低。探究其背后的原因，在于受教育程度的提升对于牧户经营活动的具体决策有积极的影响，有助于提高牧户的绿色生产意识，即知识水平较高的牧户往往会选择更高质量的可持续的生产经营方式，不会将全部的信贷资金用于购买牲畜、扩大养殖规模，而是选择将资金投入到优化生产要素的一些方面，比如牲畜的优种优配等，或者增加围栏、水井等生产性投资来保障现阶段生产规模的稳定可持续发展。

二、牧户信贷行为对碳排放的机制分析

本部分进一步分析牧户信贷行为对碳排放的作用路径和机制，参考前人的中介效应检验思路（Baron，1986），模型具体如下：

$$M_i^k = \alpha_0 + \alpha_1^k z_i + \alpha X_i + \varepsilon_{2i} \tag{12}$$

$$y_i = b_0 + b_1 z_i + \sum_k b_2^k M_i^k + \theta \sum X_i + \varepsilon_{3i} \tag{13}$$

其中，M_i^k 是第 k 个中介变量，包括机械化水平、牲畜结构和养殖规模。机械化水平变量为牧户购买的机械设备数量；牲畜结构为牛的养殖量与总牲畜量之比；在衡量养殖规模变量时，考虑到在碳排放量的计算中直接使用了牲畜数量，为了避免共线问题，这里使用打草量来替代牲畜数量。式（11）用来检验信贷行为对畜牧业经营性碳排放的总效应；式（12）用来检验信贷行为对中介变量的影响效果；当式（13）中的碳排放变量显著时，即可检验信贷行为对畜牧业经营性碳排放的中介效应。

首先，分析信贷行为对机械化水平、牲畜结构、养殖规模的影响，回归结果见表 10-10 的（1）列、（2）列和（3）列。其次，通过将 3 个中介变量分别加入基准回归，得出不同的中介变量对畜牧业经营性碳排放量的影响效果，（4）列、（5）列和（6）列为具体的回归结果。再次，分析在全部中介变量加入基准回归的基础上，信贷行为是否会对畜牧业经营性碳排放量产生影响，（7）列为回归结果。从表 10-11 可以看出，在（1）列、（2）列和（3）列中，信贷行为与机械化水平和养殖规模两个中介变量之间呈正向作用关系；从（4）列、（5）列和（6）列可以看出，机械化水平、牲畜结构、养殖规模的系数正向显著，表明信贷能够通过提高机械化水平、改变牲畜结构和扩大养殖规模的途径增加畜牧业经营性碳排放量。通过使用 Sobel 检验法，对该中介效应的显著性进行检验，Z 值分别为 1.973、−0.233 和 1.977，机械化水平和养殖规模通过了 5% 的显著性水平检验，牲畜结构未通过检验，表明养殖规模和机械化水平对信贷行为影响碳排放存在显著的中介效应，假说 2 和假说 4 得到验证。

表 10-10 的（7）列是加入全部中介变量的基准回归结果，可以发现，三个中介变量的方向与（4）列、（5）列和（6）列类似，并验证了机械化水平是有效的中介机制。探讨其背后的经济含义：一方面，牧户会将获得的信贷资金用于提高生产经营规模，进一步提高养殖的收入，改善生产生活水平，购买牲畜的牧户数量占比较大，来自牲畜的碳排放量就更高；另一方面，在生产过程中，使用打草机等机械农具可以进一步提高生产效率，资金的充足使牧户倾向于扩大养殖规模，同时需要更频繁地使用打草机等农机设备。除此之外，鉴于在本研究构造的碳排放量指标中，能源排放的核算并没有很好地区分不同能源的具体用途，可能也会存在牧户通过汽车、摩托车等交通工具去附近的村镇办理贷款，从而产生更大的碳排放的情况。

表 10 - 10　牧户的信贷行为对畜牧业经营性碳排放影响的中介机制检验

变量	机械化水平	牲畜结构	养殖规模	畜牧业经营性碳排放量			
	(1)	(2)	(3)	(4)	(5)	(6)	(7)
银行信贷金额	6.030 0**	−4.800 0	0.064 5***	0.000 5***	0.000 7***	0.000 6***	1.590 0
	(2.520 0)	(2.050 0)	(0.023 9)	(0.000 2)	(0.000 2)	(0.000 1)	(1.480 0)
机械化水平				0.001 9***			0.001 5***
				(0.005 6)			(0.000 6)
牲畜结构					0.014 5**		0.008 7
					(0.007 1)		(0.006 3)
养殖规模						0.001 8***	8.570 0
						(0.000 6)	(6.040 0)
控制变量	已控制	已控制	已控制	已控制	已控制	已控制	已控制
样本量	131	131	131	131	131	131	131
R - squared	0.326 6	0.327 6	0.327 6	0.384 7	0.349 6	0.372 2	
Lamada 值							−0.018 2***
							(0.006 7)
Sobel 检验 z 值				1.973	−0.233	1.977	

注：（1）*、**、***分别表示在 10%、5%、1%的水平上显著。
　　（2）括号内为稳健标准误。

三、异质性分析

考虑到牧户融资方式中有向银行进行贷款行为的正规借贷以及向身边亲朋好友借钱的民间信贷，在之前的章节中，本研究将核心解释变量信贷行为定义为有正规借贷和民间借贷行为的集合，这一节将分别分析两种不同借贷方式对畜牧业经营性碳排放的影响方向及程度大小。从前文对于不同信贷渠道的分析可以看出，在 113 名参与信贷的牧户样本中，有 16 名牧户既参与了正规信贷又参与了民间信贷，为了更好地对不同信贷渠道的碳效应进行测度，本部分的异质性分析数据将同时存在两种信贷渠道的牧户按不同渠道信贷金额的多少进行处理，以其中金额更高、影响程度更大的渠道作为主渠道分析。根据金额划分情况，有 98 名正规信贷的牧户以及 15 名民间信贷的牧户。

表 10-11 为正规借贷以及民间借贷对畜牧业经营性碳排放的影响。可以看出，正规信贷分组中的解释变量，即牧户的正规信贷行为在 10% 置信水平下对畜牧业经营性碳排放的增加具有显著正向影响，表明信贷行为具有一定的增碳效应。民间信贷分组中牧户的民间信贷行为具有负向碳效应且没有通过显著性检验，说明就民间信贷而言，对畜牧业碳排放的影响不显著。初步分析可能是因为本次调研中涉及民间信贷的样本数量不够，结果不具有代表性，或者民间信贷的用途多为生活消费，并未用于生产消费，对本研究核心被解释变量的影响不大。

表 10-11 正规借贷以及民间借贷对畜牧业经营性碳排放的异质性分析

阶段	变量	正规信贷		民间信贷	
		系数	标准误	系数	标准误
第二阶段	年龄	−2.851 2*	1.615 0	−1.429 4	2.438 2
	受教育年限	−9.720 0*	5.541 3	−4.863 3	8.585 7
	劳动力数量	−8.340 0	11.385 2	−15.148 7	17.743 8
	土地数量	14.756 7***	2.821 9	8.443 3*	4.590 5
	信贷金额	0.000 1	0.000 1	0.000 2	0.000 6
	生产性投资	0.001 3***	0.000 5	0.001 2	0.000 3
	信贷可得性	199.082*	111.770 8	−483.705 6	325.469 2
	畜牧业经营收入	0.000 1	0.000 2	0.000 1	0.000 3
	常数项	163.176 3	136.951 1	383.942 3	167.035 4
第一阶段	性别	0.390 7	0.397 6	−2.225 2	0.383 3
	受教育年限	0.043 2	0.057 8	0.031 5	0.054 0
	健康状况	−0.916 3	0.609 1	0.033 2	0.375 7
	劳动力数量	−0.041 5	0.129 2	−0.053 0	0.109 3
	土地数量	−0.055 7**	0.023 3	−0.532 9	0.036 9
	房屋数量	0.354 8*	0.184 0	−0.234 8	0.160 5
	常数项	0.652 3	1.406 9	−0.234 4	1.191 9
	lambda	−125.891**	63.037 2	282.776 4	183.883 3
	Wald chi2	58.96		30.19	
	Prob > chi2	0		0.004 4	
	样本数	98		15	

注：*、** 与 *** 表示 10%、5% 与 1% 水平的显著性检验。

四、碳效率视角下的信贷碳效应研究

1. 牧户生产的碳效率构建 本章的实证模型将畜牧业生产中的经营性碳排放量作为核心被解释变量进行分析，从量的角度对信贷行为的碳效应影响进行研究，初步得出了信贷行为会增加碳排放以及通过养殖规模和机械化水平两种渠道产生影响的结论。在畜牧业生产过程中，光研究量的影响是不够全面的，有学者指出碳效率的计算可以在保证期望产出的基础上有效削减冗余碳排放，是衔接经济产出与碳排放量的桥梁，对于畜牧业来说，碳效率的研究意义也同样重要。资源效率可以反映消耗或占有单位数量的资源所产生的有效价值量，是衡量畜牧业生产可持续发展的重要指标。碳排放效率是指单位二氧化碳排放的实际产出与最优产出之间的比值。该比值可以用单一要素碳效率和全要素碳效率进行测算，其中，单一要素碳效率是碳排放和某一投入产出要素的比值，也被称为碳强度。

所以，为了进一步讨论信贷行为的碳效应，本部分试图从牧户生产的碳效率方向进行分析，以畜牧业生产经营过程中的碳投入与产出作为关键变量测度碳效率，将 DEA 与

Tobit 模型相结合，分析畜牧业生产的碳效率以及信贷行为是否对碳效率产生影响。碳效率越高，说明在同样规模的碳排放量下，牧户的经营性产出更高，生产更具有经济效率，进而全面客观地认识畜牧业生产对生态环境和经济生活的影响，为后续畜牧业低碳可持续的高质量发展提供一定的实证支持。基于畜牧生产碳投入可控，选择 DEA 方法中投入导向型的 BCC 模型进行碳效率分析，得出的技术效率即牧户畜牧生产碳效率，相应可以分解为纯技术碳效率和规模碳效率，具体形式为：

$$D_{BC^2} = \begin{cases} \min\theta = V_v \\ s.t. \sum_{i=1}^{n} \mu_i x_i + S^- = \theta x_i \\ \sum_{i=1}^{n} \mu_i y_i = S^- = y_i \\ \sum_{i=1}^{n} \mu_i = 1 \\ \mu_i \geqslant 0, i = 1,2,\cdots,n \\ S^-, S^+ \geqslant 0 \end{cases} \tag{14}$$

式（14）中，θ 为第 i 个决策单元的技术效率，满足 $0 \leqslant \theta \leqslant 1$；$S^-$ 和 S^+ 分别为投入的松弛变量和产出的松弛变量；μ_i 为第 i 个决策单元的非负权重。由于效率分析结果取值为 $0\sim1$，普通的 OLS 回归分析方法无法得到一致的估值结果，因此，使用双向截断 Tobit 回归模型来限制解释变量。

$$e_i^* = q_i\delta + \sigma ui, i = 1,2,\cdots,N \tag{15}$$

式（15）中，e_i^* 表示潜在因变量，q_i 为影响因素变量，δ 为比例参数，σ 为系数向量，即为 Tobit 模型回归所得，并通过系数的显著性检验，客观地反映了影响因素是否会对潜在因变量产生影响。因变量 e_i 即碳效率，纯技术碳效率、规模碳效率与潜在变量 e_i^* 的关系如下：

$$e_i = \begin{cases} 0, e_i^* \leqslant 0 \\ e_i^*, 0 < e_i^* \leqslant 1 \\ 1, 1 < e_i^* \end{cases} \tag{16}$$

2. 牧户生产的碳效率分析　在 DEA 测算畜牧业生产碳效率中，将畜牧业生产的全过程作为研究的系统边界，选择柴油碳投入、汽油碳投入、煤炭碳投入作为输入变量；选择畜牧业碳产出和产值作为输出变量，其中畜牧业碳产出是非期望产出。碳产出包括来自牲畜的直接碳排放以及各种畜牧业投入品消耗的化石能源产生的间接碳排放，产值指畜牧业产值，主要包括年内出栏的主要牲畜的产值和一系列畜牧产品的产值。如表 10-12 所示，参与信贷的牧户产值水平在 169 571.53 元，较未参与信贷的牧户产值水平低约 4 万元；参与信贷的牧户碳产出更高，为 223.27 吨，比未参与信贷的牧户要多 83.91 吨；在碳投入方面，与未参与信贷的牧户相比，参与信贷牧户的柴油、煤炭以及汽油的碳投入都更高。结合畜牧业生产情况，初步分析其原因可能是参与信贷的牧户出于对自身经营状况的改善选择通过信贷行为融通资金，将信贷所得投入养殖生产中，加大了对能源的投入；而基于对产值的衡量，更多的是存量牲畜的在年末价值变现的体现，根据前文的调研分析结果，有部分没有信贷行为的牧户的整体经营规模较大，没有信贷资金的需求，所以整体表现出产值更大的特点。

表 10-12　是否有参与信贷行为的牧户畜牧生产碳投入、产出测算结果

变量		平均值	
		参与信贷	未参与信贷
输出变量	碳产出（吨）	223.27	139.36
	产值（元）	169 571.53	211 853.9
输入变量	柴油碳投入（吨）	2.52	1.27
	汽油碳投入（吨）	1.08	0.75
	煤炭碳投入（吨）	12.39	9.73

对牧户在畜牧业生产中的碳效率进行测算，结果见表 10-13。总体来看，牧户的纯技术碳效率为 0.504 0，说明牧户的管理和技术水平较低；规模碳效率为 0.477 2，说明牧户的要素碳投入规模尚未达到最优规模。具体分析不同信贷行为的牧户在畜牧业生产中的碳效率，从碳效率、纯技术碳效率和规模碳效率三组数据来看，与未参与信贷的牧户相比，参与信贷牧户的碳效率水平和规模碳效率水平更高，但都未到达最优规模；从纯技术碳效率来看，未参与信贷的牧户要高于参与信贷的牧户，说明未参与信贷行为的牧户的管理和技术水平相对较高。

表 10-13　畜牧生产中的碳效率测算结果

牧户类型	碳效率	纯技术碳效率	规模碳效率
参与信贷	0.230 4	0.500 8	0.483 9
未参与信贷	0.228 3	0.524 1	0.434 5
合计	0.230 1	0.504 0	0.477 2

表 10-14 展示了对牧户规模报酬的分析。总的来看，处于规模报酬递增、不变、递减阶段的牧户分别占比 94.66%、2.30% 和 3.10%，这说明大部分农户能通过增加碳投入获得更高的产值。分信贷行为进行讨论，参与信贷的牧户中，处于规模报酬递增、不变、递减阶段的农户分别占比 95.58%、2.65% 和 1.77%；未参与信贷的牧户中，处于规模报酬递增、不变、递减阶段的农户分别占比 88.89%、0 和 11.11%。由此可以看出，相较于未参与信贷牧户，有信贷行为的牧户更倾向于通过增加碳投入来获得更高的产值。

表 10-14　参与和未参与信贷的牧户规模报酬所占比重

牧户类型	规模报酬递增（%）	规模报酬不变（%）	规模报酬递减（%）
参与信贷	95.58	2.65	1.77
未参与信贷	88.89	0	11.11
合计	94.66	2.30	3.10

3. 基于 Tobit 模型的各因素对畜牧生产碳效率的影响　表 10 – 15 是各因素对畜牧生产碳效率的影响程度，从中可以发现，畜牧业收入对碳效率的正向影响显著。畜牧业收入越高，一方面，牧户在生产过程中就有更多的资金用于生产性投资，提高生产水平。在养殖结构上，除了提高羊的养殖数量，也可能会通过增加牛或其他牲畜的数量来丰富养殖种类，在一定程度上分散市场带来的价格风险，起到保障经营的稳定性的作用。另一方面，牧户有更多的资金去提高技术水平，比如增加牲畜养殖的防疫技术、畜种技术等的投入，以此提升养殖的整体质量，促进产值的进一步提高。信贷金额在 10% 的显著水平下正向影响碳效率，反映出随着信贷金额的增加，牧民有更多资金可以用于生产投资，在同等碳排放水平下，信贷资金的投入使用可以很好地改善牧户的经营条件，即通过资金融通满足生产经营的一些成本需求，减轻畜产品的销售压力，这样，在畜牧业生产过程的销售环节中，不必因为流动资金的需要而被迫在市场价格低时售卖牲畜或者相关产品，导致经营收入减少。信贷资金的使用在一定程度上提高了生产中各个环节的自主灵活性，也会使牧户对未来的生产更有信心，不会因为当期市场价格的影响而导致其在下一期生产中减少相应牲畜的养殖数量，造成牲畜的市场供给波动。

表 10 – 15　各因素对畜牧生产碳效率的影响程度

变量	Tobit 估计结果	
	系数	标准误
信贷行为	−0.104 3	0.157 0
年龄	0.031 4	0.043 2
受教育程度	0.000 3	0.000 4
信贷金额	1.460 0*	0.797 8
劳动力数量	−0.133 5	0.154 3
畜牧业收入	3.780 0*	2.065 5
土地面积	−0.000 3	0.000 5

第六节　结论与启示

一、基本结论

对当前的内蒙古畜牧业而言，传统养殖模式仍然占据主导位置，在生态文明建设与双碳目标的背景下，如何推进畜牧业既实现现代化发展又做到低碳养殖显得十分重要。多年来，小额信贷作为牧区金融供给市场的主要力量，极大地改善了牧民的生产生活条件，提高了牧民的收入，在提升畜牧业生产的经济效益方面作用显著，对于未来的低碳养殖，信贷的作用同样不容忽视。以此为背景，本研究利用锡林郭勒盟 7 个乡镇的一手调查数据对牧户信贷行为的碳效应进行了实证分析，得到的主要研究结论如下：

1. 信贷行为显著增加了畜牧业经营性碳排放　传统模式下的畜牧业经营活动多为粗放数量扩张型，畜牧业基础建设较为落后，牧户的抗风险能力较差，其收入来源也多集中在畜牧产品销售的单一渠道。对牧民而言，普通信贷产品的用途多是增加生产性投资或用于买房、看病等家庭其他活动，以改善自身生活条件为信贷出发点，对畜牧业经营性活动中的碳排放问题意识不够，这就导致牧户将更多的信贷资金用在扩大生产上，显而易见，牲畜数量增加带来的直接影响就是来自牲畜的碳排放增加。

2. **牧户的信贷行为通过扩大养殖规模和提高机械化水平两条路径增加畜牧业经营性碳排放**　信贷资金显著增加了牧户的流动资金，在追求经济效益最大化的驱动下，牧户会将资金用于扩大生产，如购入更多的牲畜、机械，修建围栏、水井等设施设备。但与农耕区生产不同的是，牧区畜牧业以天然草场为基础，牧户各自的生产区域相距较远，很难实现联产的规模化养殖，牧户信贷资金的获得直接作用于以家庭为单位的经营规模的扩大，经济效益虽然得到提升，但生产效率并未提高，诸如机械动力和油耗等行为导致的碳排放问题依然严峻。在以种植业为主的农业碳排放研究中得出的随着规模化程度的加深，碳减排效应也进一步扩大的结论在牧区的畜牧业生产中并不成立。

3. **牧户的正规信贷行为对畜牧业经营性碳排放的增加具有显著正向影响**　典型草原牧户具有牧户家庭间互帮互助式微借贷循环不畅的特点，牧户更倾向于向银行等正规金融机构进行资金借贷。民间的借贷资金一般金额较少、次数较多，且主要用于临时性的生产生活需求，对畜牧业经营的影响不明显。而牧户选择去村镇银行的金融机构进行正规信贷，大多数出于提高经营水平的目的，一般借贷资金的规模相较民间借贷会更高，但也会有一定的利息成本。对牧户来说，正规信贷的获得在增大了经营压力的同时，也能提高牧户的生产积极性，表现为牧户会通过多种渠道去改善经营状况。

4. **参与信贷的牧户更可能通过增加碳投入来获得高产值，信贷资金对于规模碳效率有显著正向影响**　信贷为牧户提供了流动性资金融通的渠道，一方面，牧户可以用额外的资金去购买种畜，扩大养殖规模，也可以购买农机设备，提高生产效率，但对于传统畜牧业生产的分散经营模式来说，规模化和机械化水平不足以产生类似种植业的碳减排效应，而是通过牲畜养殖数量的增加或者相关农机设备的能源燃料直接提高了生产经营的碳排放。另一方面，信贷资金的增加使牧户在满足经营成本需求的同时，减轻了销售牲畜产品等方面的压力，牧户可以更加灵活地选择销售时间和价格，以此来增加畜牧业产值，

二、政策启示

根据本研究的结论，可以得出以下政策建议：

1. **深化畜牧业现代化改革**　加快构建高质量发展新格局，在新时代高质量发展背景下，一方面，需要加快对传统狭义畜牧业概念的认知转型，从生态生产视角审视畜牧业，跳出单一动物养殖的思维局限，充分认识前后生产环节在整个畜牧链中的作用和紧密联系，彻底打破"资源—环境—畜牧业"割裂化的思维模式，建设粮草水土资源环境与动物养殖相协调的生态生产型畜牧体系。另一方面，更加合理地利用草地资源，优化畜牧业内部产业结构，在现代化的基础上，效仿种植业的规模减碳效应，提高农机效率，降低能源排放。同时，也不能忽视草原生态系统强大的碳汇功能。实现畜牧业低碳发展，必须构建系统完善的长效保障机制，不断优化生产方式、创新发展理念，综合协调碳排放总量控制和强度控制两种方式，利用好生态畜牧系统碳汇的能力。具体来说，可以通过科学规划与

示范推广机制，以畜牧业保供给为根基，以高质量发展为抓手，推进绿色、低碳、可持续发展。逐级制定中长期畜牧业发展规划，制定碳排放管理计划，明确"双碳"目标路线图，为低碳转型提供规范和指导；从减排、增汇不同角度提出低碳发展优化路径，鼓励采取"边减排、边增汇"两端并进的工作方式，积极探索和推广多种形式的畜牧业低碳发展模式。现阶段，国家和地方相继出台了许多促进畜牧业低碳发展的政策，2020 年《国务院办公厅关于促进畜牧业高质量发展的意见》中提到，要科学布局畜禽养殖，促进养殖规模与资源环境相匹配，在内蒙古畜牧业发展的过程中，要始终保持对规模的重视，避免草地过载再次重演。同时，《国务院办公厅关于加快推进畜禽养殖废弃物资源化利用的意见》《畜禽粪污资源化利用行动方案（2017—2020 年）》等文件的发布也为畜牧业低碳高质量发展指明了道路，要将生态补偿机制、现代草地畜牧业项目等作为当前牧区绿色生态型畜牧业发展的支撑。

2. 提高牧民对碳排放问题的重视程度　牧户的受教育程度会在很大程度上影响碳排放的程度，所以，在未来的碳减排工作中，地方政府应通过各种渠道，如深入开展走访调研工作，科普低碳生产的重要性，唤醒牧民群众保护环境的意识，用各种方法对牧户进行低碳生产的宣传教育，提高牧户的低碳生产意识。政府要积极建立和完善关于低碳生产的相关法律法规，引导和规范畜牧业生产行为。除了关心畜牧业生产的碳排放，也要鼓励牧户在生活中养成低碳环保的习惯。

3. 金融业作为畜牧业发展的强大助力，要及时进行配套机制的创新，积极推行有控碳要求的信贷产品　本研究发现，信贷的参与使得牧户的碳排放程度更高，说明现阶段牧户在信贷资金的使用方面对环境存在碳负担，或者说，提供给牧户的信贷产品还不能从减碳角度给予支持。当前，绿色信贷支持以种植业为主的绿色农业已经被证实卓有成效，借鉴种植业领域的绿色低碳信贷，在解决牧户生产生活资金短缺问题的同时做到低碳生产，是未来金融支持畜牧业高质量发展的方向。具体来说，可以先从支持畜牧业企业低碳经营的方向做出改变，推出低碳金融产品，主要以畜牧业企业碳中和强度大小为依据，对低碳企业优先审批授信用信、优先保障资金、优惠贷款利率定价，运用金融杠杆撬动农业产业降碳、减污、扩绿、增长，协同推进数字化转型。在企业低碳发展取得成效之后，将视角转向牧户家庭生产，结合家庭牧户生产草场分散、经营粗放等特点，推出更加有针对性的信贷产品，或者通过信贷产品的创新，进一步影响家庭生产模式，使牧户更有动力去改变现阶段的传统养殖方式，进行更加低碳、有效率的畜牧业生产。

4. 进一步考虑信贷的碳减排约束影响　在金融助力畜牧业低碳发展的同时，要加大对行业发展的重视程度，避免因抑制碳排放而减产的情况。要提高控制碳排放量和保障产业稳步发展之间的协调性，通过信贷的作用，带动畜牧业技术升级，提高资源利用效率，实现碳的效率性减排。在未来，进一步拓宽绿色金融促进畜牧业低碳发展的渠道，构建促进低碳增长的考评机制和激励机制，促进畜牧业低碳经济发展目标的实现。

5. 加速技术创新与推广，推动畜牧业绿色低碳发展　通过采用优质饲料、精准饲养策略、改进粪便处理方式以及改善土壤肥料管理，减少来自肉羊的甲烷排放量。利用生物技术改良植物，使之成为更优质的饲料，促进温室气体减排；通过改进饲料配方，改善肉羊每日各要素摄入比例，降低甲烷排放量；加快粪便处理技术改进与推广，将粪污等废弃物资源化利用。肉羊养殖过程中需要种植大量牧草，可以通过减少肥料使用量、改变施肥的比例和时间降低土壤微生物释放的氧化亚氮，减少温室气体的排放量。

6. **拓宽减排资金渠道，改革并创新促进减排的金融工具**　积极开发碳汇产品，发展碳汇交易，采取激励措施，在解决牧户生产生活中资金短缺问题的同时做到低碳生产，满足减排与适应之需。

7. **利用补贴、税收等财政金融政策优化资源配置**　合理利用碳税工具，通过调节税率，将温室气体排放量控制在协定数量之内；重新配置畜牧业补贴，现行有关畜牧业的补贴计划可能与减排的行动相抵触，应从绿色低碳的角度出发，为在生态环境保护中做出贡献的牧户提供经济补偿，促进牧户行为更加满足减排要求。

第十一章 内蒙古肉羊产业经济发展的对策与建议

第一节 研发引进肉羊遗传育种与繁殖新技术

一、研发引进前沿遗传育种技术

一是引进肉羊基因遗传育种新技术，利用基因组的多样性和复杂性状表型联系获取优质品种资源，建立种质资源库，再通过对种质资源基因组进行编辑，达到定向育种的目标。二是引进研发分子生物育种技术，通过分析与目标基因紧密连锁的分子的标记基因型实现育种，这种方式具有育种效率高、优质遗传基因选择精准性高、可实现早期选择基因等优势。

二、创新发展肉羊胚胎繁殖新技术

一是研发引进胚胎移植技术，提升和稳定羊群的遗传水平。二是研发普及转基因技术，筛选出遗传性状表现稳定的客体，培育新的肉羊品种。利用转基因技术培育出的新品种肉羊在机体抵抗力、生产性能、肉质等方面都有较大改善，品种改良综合效益显著提升。三是在胚胎移植、转基因技术等新兴生物技术上，应用及推广克隆羊技术，进一步缩短肉羊遗传育种的时间，提高肉羊新品种培育效率，降低培育成本。

三、提高养殖过程中的肉羊繁殖技术

一是引进普及同期发情技术，改变传统的肉羊配种方式。二是引进普及良种公羊精液的处理贮存技术，有效利用良种资源，减少公羊的饲养数量，降低养殖场的养殖成本。三是研发利用中草药和激素等诱导乏情期母羊发情，使繁殖不受季节限制。

第二节 完善肉羊产业的品牌建设和推广

一、拓宽推广渠道，完善推广体系

首先，拓宽线下推广渠道。一是借助国家平台，打造特色乡旅品牌，策划举办主题推广活动。二是在各地进行广告宣传。在各大交通枢纽和城市主干道做广告，大力宣传肉羊产品的品牌形象。三是利用活动、节日和特色庆典，如品牌日、当地旅游节、文化节等，

与肉羊产品原产地政府进行合作，获得肉羊产品品质的最权威背书。

其次，拓宽线上推广平台。一是借助各大线上销售平台，在线推广，开展直播带货。二是搭建以微信、抖音和快手等平台为主的新媒体推广矩阵，采用图文、话题互动、视频、直播等形式，多渠道、跨圈层传播。三是创新推广方式，依靠 VR 视频技术，通过云展示，即时展示肉羊产品的生产过程，增强最终用户的信任，实现品牌溢价增值。

二、提升数字素养，强化人才支撑

全面推进数字农业人才培育工作，加强数字农业智库建设，夯实技术人才支撑与保障。用好社会和企业资源，引导大学毕业生、返乡人才积极投身数字农业建设，拓宽选人、用人渠道，做好人才建设。

三、创新推广内容，增强推广效果

一是将农产品与区域特色相结合。肉羊产品对地区的地理环境有很大的依赖性，区域性因素中特有的地形地貌、独特的生产加工技术、丰富的资源优势、人文历史传承等因素会直接影响农产品品牌的形成，可以将产品和区域特色整合并放大，提高其独特性。二是将农产品与人的故事相结合，构建并传播符合目标消费者体验需求和情感诉求的体验产品与品牌文化。挖掘农产品背后的故事，塑造品牌形象，增强消费者对农产品品牌文化的认同感，以情动人，进而增强产品溢价能力。三是将内蒙古美丽的自然风光融入其中。以当地丰富的旅游资源为基点，将所在地的山水风光、特色风味等原生态面貌展示出来，让更多的人主动了解和欣赏美丽的草原景色，在提高产品推广效果的同时，促进畜牧业和旅游业的融合发展。

第三节　饲草种植与品种改良的建议

一、制定和实施饲草产业相关发展规划

从全区饲草饲料发展形势、饲草种质资源、种植技术以及机械设备、科研攻关等多角度分析，整合全产业链政策支撑，为全区饲草饲料产业健康有序发展指明方向。通过建立、完善部门之间的沟通协调机制，畅通优质饲草种植用土地政策渠道。

二、加大饲草饲料产业政策扶持力度

将饲草饲料产业体系打造成优势特色产业链。一是实施科学、因地而异的补贴措施，如针对北部高寒地区无霜期短、饲草亩产量低、草产品调运路途遥远以及运输成本高的特点，实施基础设施建设补贴措施，提高种草养畜积极性。二是加大资金支持，健全旗县、苏木乡镇和嘎查村三级饲草储备体系，达到规划布局合理、平台管理统一、市场运营高效，既能抗灾减灾又能稳定草产品市场价的目标，推动饲草产业健康规范发展。三是整合优势资源，形成适合不同生态区域的高产优质、抗逆饲草和青贮玉米新品种，集成当前各种先进技术，形成具有较强科技创新能力和技术引领作用的人工饲草产业主体，创建有特色、优势鲜明的饲草生产基地。

三、因地制宜，推行新高质量饲草种植模式

根据不同生态区域的自然状况、资源禀赋和种植条件，科学规划饲草发展布局，选择适宜不同区域种植的饲草种类和品种，发展高效种植模式。结合中西部黄河流域、东部西辽河嫩江流域、锡林郭勒和呼伦贝尔两大草原等产业集群优势布局，深入挖掘全区适合区域，实施优质饲草保供稳产技术攻关行动，把优势产业做成优势产业链，为畜牧业高质量发展提供强力支撑。

四、加大对饲草全程机械的研发推广

支持机具类项目向基础条件好、技术能力强、适用可靠的研发企业倾斜，提高畜牧业机械购置补贴比例。加大适宜丘陵山区等不同区域的饲草产业化全程机械研发推广力度，提高青贮切碎、籽粒破碎、秸秆揉丝、干草打捆等自动化水平，提升高等级饲草产品产出率，推进人工种草宜机化改造。

第四节　增强畜牧业保险项目推进

一、扩大内蒙古畜牧业保险范围

内蒙古自治区作为我国重要的畜牧业发展基地，每年向全国各地供应大量的牛羊肉产品，有些牛羊肉品牌已经成为全国的知名品牌。但目前内蒙古自治区畜牧业的保险范围相对较小，畜牧养殖业风险居高不下。应扩大畜牧业保险覆盖面，将肉羊、马和牛纳入农业保险范围。

二、完善农业保险的组织管理机构

我国至今没有完善的农业保险组织监管体系，在农业保险实际业务的开展中，组织管理工作比较混乱，各相关部门管理的内容和职责既有分别又有交叉，职能边界模糊，造成事实上的管理混乱。应尽快完善农业保险管理体系，明确一个具有统一协调职能的牵头部门，保证相关各部门之间的良好沟通与协调，提高农业保险管理水平。

三、健全对畜牧业保险机构的扶持政策

一是降低涉农保险机构税负水平，对于不同组织形式的保险机构，可以采取差别优惠的办法。二是适度提供经营管理费用补贴。可以根据财政支持能力，先适度提供一些费用补贴，减轻保险机构在经营成本上的压力，提高其开办农业保险业务的积极性。

四、健全畜牧业保险相关法律法规

为了内蒙古地区畜牧业保险更快更好地发展，应该尽早出台地方性畜牧业保险法规，以立法形式明确畜牧业保险的性质、保障范围、经营目标及原则等事项，明确畜牧业保险工作中各参与方的权利与义务，使政策性畜牧业保险走上规范化、法治化、科学化的道路。

五、加强畜牧业保险专业人才建设

结合内蒙古地区的实际情况，吸收一些具有保险工作经验的蒙古族员工，消除与农牧民之间的沟通障碍。有选择地借鉴国外的畜牧业保险培训方式，开设培训课程，开展定期培训，加强对内蒙古地区畜牧业保险从业人员的管理。与此同时，政府也要出台经费补贴政策，支持保险公司人员进行实地调研，研发有针对性的保险新品种。

六、规范、简化保险理赔流程

充分认识到政策性畜牧业保险自身和其投保对象的特殊性。该保险的投保对象80％以上都是文化程度较低的农牧民，而目前畜牧业保险的理赔程序复杂，建议相关保险部门简化复杂的步骤，及时向养殖户支付赔付资金，增强农牧民对政策性畜牧业保险的信任。

主要参考文献

陈飞，田佳，2017. 农业生产投入视角下农户信贷的福利效应研究［J］. 财经问题研究（10）：110-118.

陈洁，原英，乔光华，等，2018. 我国传统牧区转变畜牧业发展方式问题研究［M］. 上海：上海远东出版社：173.

陈秋红，张园园，2022. 中国畜牧业碳减排政策演进——基于 452 份政策文本的分析［J］. 华中农业大学学报（社会科学版）（1）：10-23.

陈诗一，2010. 节能减排与中国工业的双赢发展：2009—2049［J］. 经济研究，45（3）：129-143.

陈诗一，2021. 中国的绿色工业革命：基于环境全要素生产率视角的解释（1980—2008）［J］. 经济研究，45（11）：21-34＋58.

陈苏，胡浩，2016. 中国畜禽温室气体排放时空变化及影响因素研究［J］. 中国人口·资源与环境，26（7）：93-100.

陈银娥，陈薇，2018. 农业机械化、产业升级与农业碳排放关系研究——基于动态面板数据模型的经验分析［J］. 农业技术经济（5）：122-133.

程秋旺，许安心，陈钦，2022. “双碳”目标背景下农业碳减排的实现路径——基于数字普惠金融之验证［J］. 西南民族大学学报（人文社会科学版），43（2）：115-126.

程文，夏咏，赵向豪，2018. 西北五省农村金融发展对农业碳排放的影响研究——基于 STIRPAT 模型和动态面板数据模型［J］. 农村金融研究（7）：72-76.

丁宝根，赵玉，邓俊红，2022. 中国种植业碳排放的测度、脱钩特征及驱动因素研究［J］. 中国农业资源与区划，43（5）：1-11.

杜克锐，邹楚沅，2011. 我国碳排放效率地区差异、影响因素及收敛性分析——基于随机前沿模型和面板单位根的实证研究［J］. 浙江社会科学（11）：32-43＋156.

范方志，2020. 农户信贷提升了农业生产技术效率吗——基于农户微观调研数据的分析［J］. 中央财经大学学报（5）：33-41.

高原，申珍珍. 绿色金融改革政策的碳减排效应［J/OL］. 中国环境科学：1-13［2022-09-24］.

郭熙保，吴方，2020. 家庭农场经营规模、信贷获得与固定资产投资［J］. 经济纵横（7）：92-105＋2.

何可，李凡略，刘颖，2022. “双碳”目标下的畜禽养殖业绿色发展［J］. 环境保护，50（16）：28-33.

胡剑波，郑维丹，韩君，2021. 中国货币信贷对二氧化碳排放的影响研究——基于动态面板门槛模型的实证分析［J］. 金融经济学研究，36（1）：33-48.

黄德春，沈雪梅，竺运，2023. 长江经济带制造业碳排放效率的时空演变及影响因素研究［J］. 长江流域资源与环境，32（6）：1113-1126.

季宇，姜金涵，宋兰旗，2021. 绿色信贷对低碳技术进步的影响研究——基于中国省级面板数据的实证检验［J］. 云南财经大学学报，37（9）：97-110.

贾智杰，温师燕，朱润清，2022. 碳排放权交易与全要素碳效率——来自我国碳交易试点的证据［J］. 厦门大学学报（哲学社会科学版），72（2）：21-34.

李国志，李宗植，2010. 中国农业能源消费碳排放因素分解实证分析——基于 LMDI 模型［J］. 农业技术经济（10）：66-72.

李秋萍，李长建，肖小勇，等，2015. 中国农业碳排放的空间效应研究 [J]. 干旱区资源与环境，29（4）：30-35.

李增福，冯柳华，麦诗琪，等，2022. 绿色信贷抑制了碳排放吗——基于中国省级面板数据的研究 [J]. 上海金融（1）：2-12.

廖珍珍，茹少峰，2022. 数字金融发展对二氧化碳排放增减叠加效应的理论分析与实证检验 [J]. 经济问题探索（9）：117-132.

刘锋，黄苹，唐丹，2022. 绿色金融的碳减排效应及影响渠道研究 [J]. 金融经济学研究，37（6）：144-158.

刘海英，王殿武，尚晶，2020. 绿色信贷是否有助于促进经济可持续增长——基于绿色低碳技术进步视角 [J]. 吉林大学社会科学学报，60（3）：96-105+237.

刘荣茂，马林靖，2006. 农户农业生产性投资行为的影响因素分析——以南京市五县区为例的实证研究 [J]. 农业经济问题（12）：22-26.

卢晓芸，雷雪，2022. 基于CGE模型的最优碳税水平及碳税政策效应分析 [J/OL]. 金融发展研究：（9）：62-70 [2022-09-28]. https://www.chki.net.

鲁钊阳，2013. 农村金融发展与农业碳排放关系区域差异实证研究 [J]. 思想战线，39（2）：119-123.

鲁钊阳，2013. 省域视角下农业科技进步对农业碳排放的影响研究 [J]. 科学学研究，31（5）：674-683.

马大来，杨光明，2018. 金融发展、技术进步与中国低碳经济增长效率——基于空间面板数据模型的实证研究 [J]. 重庆大学学报（社会科学版），24（3）：13-28.

马占新，2012. 广义参考集DEA模型及其相关性质 [J]. 系统工程与电子技术，34（4）：709-714.

毛彦军，曲迎波，郑天恩，2022. 绿色信贷的碳排放效应及其能源效率机制研究——基于空间计量模型的分析 [J]. 金融理论与实践（9）：57-68.

平智毅，吴学兵，吴雪莲，2020. 长江经济带碳排放效率的时空差异及其影响因素分析 [J]. 生态经济，36（3）：31-37.

钱浩祺，吴力波，任飞州，2019. 从"鞭打快牛"到效率驱动：中国区域间碳排放权分配机制研究 [J]. 经济研究，54（3）：86-102.

尚莉媛，崔姹，赵慧峰，2023. 京津冀畜牧业碳排放效率时空演变特征及影响因素分析 [J/OL]. 中国农业资源与区划：1-11 [2023-04-06]. http://www.cnki.net.

宋全云，吴雨，尹志超，2017. 金融知识视角下的家庭信贷行为研究 [J]. 金融研究，444（6）：95-110.

田云，王梦晨，2020. 湖北省农业碳排放效率时空差异及影响因素 [J]. 中国农业科学，53（24）：5063-5072.

王兵，刘光天，2015. 节能减排与中国绿色经济增长——基于全要素生产率的视角 [J]. 中国工业经济，326（5）：57-69.

王金涛，黄恒，2022. 绿色信贷对碳排放的影响研究——基于PSTR模型和SDM模型的实证分析 [J]. 当代经济管理，44（9）：80-90.

王路路，辛晓平，刘欣超，等，2021. 基于全生命周期分析的呼伦贝尔家庭牧场肉羊温室气体排放 [J]. 应用与环境生物学报，27（6）：1591-1600.

王瑞军，杜凤莲，2018. 典型草原牧户家庭经济脆弱性的测量与分解 [J]. 农业技术经济（10）：109-123.

王秀丽，鲍明明，张龙天，2014. 金融发展、信贷行为与信贷效率——基于我国城市商业银行的实证研究 [J]. 金融研究（7）：94-108.

吴昊玥，黄瀚蛟，何宇，等，2021. 中国农业碳排放效率测度、空间溢出与影响因素 ［J］. 中国生态农业学报（中英文），29（10）：1762 - 1773.

吴姗姗，2018. 银行信贷如何影响碳排放——基于增长模型及中国经验的研究 ［J］. 中南财经政法大学学报（6）：22 - 32＋43.

吴婷婷，2023. 绿色信贷能促进企业绿色转型吗？［J/OL］. 中南财经政法大学学报：1 - 14 ［2023 - 04 - 26］. https：//www. cnki. net.

吴贤荣，张俊飚，2017. 中国省域农业碳排放：增长主导效应与减排退耦效应 ［J］. 农业技术经济（5）：27 - 36.

吴贤荣，张俊飚，田云，等，2014. 中国省域农业碳排放：测算、效率变动及影响因素研究——基于 DEA - Malmquist 指数分解方法与 Tobit 模型运用 ［J］. 资源科学，36（1）：129 - 138.

吴笑语，蒋远胜，2020. 社会网络、农户信贷规模与农业生产性投资——基于中国家庭金融调查数据库 CHFS 的经验证据 ［J］. 农村经济（12）：104 - 112.

肖钢，2021. 发展绿色金融 助力"双碳"目标实现 ［J］. 清华金融评论（10）：53 - 55.

徐文成，毛彦军，屈小爽，2022. 农村金融发展对农业碳排放影响研究——以河南省 17 个省辖市为例 ［J］. 征信，40（7）：86 - 92.

徐湘博，李畅，郭建兵，等，2022. 土地转入规模、土地经营规模与全生命周期作物种植碳排放——基于中国农村发展调查的证据 ［J］. 中国农村经济（11）：40 - 58.

薛博文，王帅，2022. 金融支持农业农村碳达峰、碳中和研究 ［J］. 农银学刊（4）：19 - 22.

严成樑，李涛，兰伟，2016. 金融发展、创新与二氧化碳排放 ［J］. 金融研究（1）：14 - 30.

杨春，熊学振，2021. 用高质量绿色发展推进畜牧业碳达峰和碳中和 ［N］. 农民日报 04 - 10（7）.

杨林京，廖志高，2021. 绿色金融、结构调整和碳排放——基于有调节的中介效应检验 ［J］. 金融与经济（12）：31 - 39.

杨艳，牛建明，张庆，等，2011. 基于生态足迹的半干旱草原区生态承载力与可持续发展研究——以内蒙古锡林郭勒盟为例 ［J］. 生态学报，31（17）：5096 - 5104.

姚成胜，钱双双，李政通，等，2017. 中国省际畜牧业碳排放测度及时空演化机制 ［J］. 资源科学，39（4）：698 - 712.

姚耀军，施丹燕，2017. 互联网金融区域差异化发展的逻辑与检验——路径依赖与政府干预视角 ［J］. 金融研究（5）：127 - 142.

张军扩，侯永志，刘培林，等，2019. 高质量发展的目标要求和战略路径 ［J］. 管理世界，35（7）：1 - 7.

张可，李语晨，赵锦楸，2022. 绿色信贷促进了节能减排吗 ［J］. 财经科学（1）：15 - 30.

张美艳，董建军，辛姝玉，等，2017. 锡林郭勒盟草原流转牧户的技术效率研究——基于 DEA - Tobit 模型的分析 ［J］. 干旱区资源与环境，31（11）：62 - 68.

张宁，2022. 碳全要素生产率、低碳技术创新和节能减排效率追赶——来自中国火力发电企业的证据 ［J］. 经济研究，57（2）：158 - 174.

张修凡，范德成，2021. 我国碳排放权交易机制和绿色信贷制度支持低碳技术创新的路径研究 ［J］. 湖北社会科学（11）：71 - 83.

张玉梅，樊胜根，陈志钢，等，2021. 转型农业食物系统助力中国 2060 碳中和目标 ［R］. 北京：2021 中国与全球食物政策报告.

赵沁娜，李航，2023. 碳交易试点政策对碳排放强度的影响效应与作用机制——来自准自然实验的经验证据 ［J/OL］. 世界地理研究：1 - 19 ［2023 - 05 - 09］. https：//www. cnki. net.

周莹莹，2018. 金融发展对碳排放的影响——以 23 个国家与地区为例 ［J］. 求索（5）：79 - 87.

邹薇，王玮旭，2022. 绿色信贷政策能实现碳排放效率提升吗——基于技术进步与要素结构视角［J］. 湘潭大学学报（哲学社会科学版），46（4）：60 - 66.

Abdouli M，Hammami S，2020. Economic growth，environment，fdi inflows，and financial development in Middle East countries：Fresh evidence from simultaneous equation models［J］. Journal of the Knowledge Economy，11（2）：479 - 511.

Acheampong A O，Amponsah M，Boateng E，2020. Does financial development mitigate carbon emissions? Evidence from heterogeneous financial economies［J］. Energy Economics，88：104768.

Alnassar W I，2021. The effect of green loan and ecological sustainability on pollution depletion：practical evaluation in developing and oecd economies［J］. Academy of Strategic Management Journal，20：1 - 9.

Cao L，2022. How green finance reduces CO_2 emissions for green economic recovery：Empirical evidence from E7 economies［J］. Environmental Science and Pollution Research，30（5）：1 - 14.

Cao L，Niu H，2022. Green Credit and Total Factor Carbon Emission Performance—Evidence from Moderation - Based Mediating Effect Test［J］. International Journal of Environmental Research and Public Health，19（11）：6821.

Chambers R G，Chung Y，Färe R，1996. Benefit and distance functions［J］. Journal of economic theory，70（2）：407 - 419.

Chen X，Chen Z，2021. Can green finance development reduce carbon emissions? Empirical evidence from 30 Chinese provinces［J］. Sustainability，13（21）：12137.

Chen Z，Zhang Y，Wang H，et al，2022. Can green credit policy promote low - carbon technology innovation?［J］. Journal of Cleaner Production，359：132061.

Chen，Xiaowei，et al，2023. Cooperation between specialized cropping and livestock farms at local level reduces carbon footprint of agricultural system：A case study of recoupling maize - cow system in South China［J］. Agriculture，Ecosystems & Environment，348：108 - 406.

Chung Y H，Färe R，Grosskopf S，1997. Productivity and undesirable outputs：a directional distance function approach［J］. Journal of Environmental Management，51（3）：229 - 240.

Daneshi A，Esmaili S A，Daneshi M，et al，2014. Greenhouse gas emissions of packaged fluid milk production in Tehran［J］. Journal of Cleaner Production，80.

D'Orazio P，Dirks M W，2022. Exploring the effects of climate - related financial policies on carbon emissions in G20 countries：a panel quantile regression approach［J］. Environmental Science and Pollution Research，29（5）：7678 - 7702.

Fan，Meiting，et al，2022. Is high natural resource dependence doomed to low carbon emission efficiency? Evidence from 283 cities in China［J］. Energy Economics，115：106328.

Fang，Guochang，et al，2022. What drives urban carbon emission efficiency? —Spatial analysis based on nighttime light data［J］. Applied Energy，312：118772.

Fukuyama H，Weber W L，2009. A directional slacks - based measure of technical inefficiency［J］. Socio -Economic Planning Sciences，43（4）：274 - 287.

Gao Peng，Shujing Yue，Hongtao Chen，2021. Carbon emission efficiency of China's industry sectors：From the perspective of embodied carbon emissions［J］. Journal of cleaner production，283：124655.

Gokmenoglu K K，Taspinar N，Rahman M M，2021. Military expenditure，financial development and environmental degradation in Turkey：a comparison of CO_2 emissions and ecological footprint［J］. International Journal of Finance & Economics，26（1）：986 - 997.

Guo L，Zhao S，Song Y，et al，2022. Green finance，chemical fertilizer use and carbon emissions from agricultural production [J]. Agriculture, 12 (3): 313.

Hao Y, Zhang Z Y, Liao H, et al, 2016. Is CO_2 emission a side effect of financial development? An empirical analysis for China [J]. Environmental Science and Pollution Research, 23 (20): 21041 - 21057.

Havlik P, Hugo Valin, Mario Herrero, et al, 2014. Climate change mitigation through livestock system transitions [J]. Proceedings of the National Academy of Sciences (10): 3709 - 3714.

Hu Y, Zheng J, 2022. How does green credit affect carbon emissions in China? A theoretical analysis framework and empirical study [J]. Environmental Science and Pollution Research, 29 (3): 1 - 15.

Huang Y, Xue L, Khan Z, 2021. What abates carbon emissions in China: Examining the impact of renewable energy and green investment [J]. Sustainable Development, 29 (5): 823 - 834.

IPCC, 2006. IPCC guidelines for national greenhouse gas inventories volume 4: Agriculture, forestry and other land use [R]. Geneva: IPCC: 880.

Jiang C, Ma X, 2019. The impact of financial development on carbon emissions: a global perspective [J]. Sustainability, 11 (19): 5241.

Johnson J M F, Franzluebbers A J, Weyers S L, et al, 2007. Agricultural opportunities to mitigate greenhouse gas emissions [J]. Environmental pollution, 150 (1): 107 - 124.

Khan M I, Teng J Z, Khan M K, 2020. The impact of macroeconomic and financial development on carbon dioxide emissions in Pakistan: evidence with a novel dynamic simulated ARDL approach [J]. Environmental Science and Pollution Research, 27 (31): 39560 - 39571.

Kim D H, Wu Y C, Lin S C, 2020. Carbon dioxide emissions and the finance curse [J]. Energy Economics, 88: 104788.

Kirikkaleli D, Güngör H, Adebayo T S, 2022. Consumption - based carbon emissions, renewable energy consumption, financial development and economic growth in Chile [J]. Business Strategy and the Environment, 31 (3): 1123 - 1137.

Liu X, Liu X, 2021. Can Financial Development Curb Carbon Emissions? Empirical Test Based on Spatial Perspective [J]. Sustainability, 13 (21): 11912.

Liu Z, Ahmad M, Li G, et al, 2022. Decoupling of greenhouse gas emissions from livestock industrial development: Evidence from China Agricultural Green Development Modern Zone [J]. Frontiers in Environmental Science, 10: 979129.

Ma Yifei, Hou Yong, Dong Pengbo, et al, 2022. Cooperation between specialized livestock and crop farms can reduce environmental footprints and increase net profits in livestock production [J]. Journal of Environmental Management, 302: 113960.

Mugableh M I, 2015. Economic growth, CO_2 emissions, and financial development in Jordan: Equilibrium and dynamic causality analysis [J]. International Journal of Economics and Finance, 7 (7): 98 - 105.

Ruffing K, 2007. Indicators to measure decoupling of environmental pressure from economic growth [J]. Sustainability Indicators: A Scientific Assessment, 67: 211.

Wu H Y, Luo L, Chen W K, 2020. Study on Estimation and Improvement of Agricultural Carbon Emission Efficiency in China [J]. IOP Conference Series: Earth and Environmental Science, 450: 012097 - 012097.

Xing T, Jiang Q, Ma X, 2017. To facilitate or curb? The role of financial development in China's carbon emissions reduction process: a novel approach [J]. International Journal of Environmental Research and Public Health, 14 (10): 1222.

Xiong L, Qi S, 2018. Financial development and carbon emissions in Chinese provinces: a spatial panel data analysis [J]. The Singapore Economic Review, 63 (2): 447 - 464.

Yao X，Tang X，2021. Does financial structure affect CO_2 emissions? Evidence from G20 countries [J]. Finance Research Letters，41：101791.

Zhang A，Deng R，Wu Y，2022. Does the green credit policy reduce the carbon emission intensity of heavily polluting industries? – Evidence from China's industrial sectors [J]. Journal of Environmental Management，311：114815.

Zhang W，Hong M，Li J，et al，2021. An examination of green credit promoting carbon dioxide emissions reduction：a provincial panel analysis of China [J]. Sustainability，13（13）：7148.

Zhou P，Delmas M A，Kohli A，2017. Constructing meaningful environmental indices：A nonparametric frontier approach [J]. Journal of Environmental Economics and Management，85：21－34.

Zhuang M.，Li W，2017. Greenhouse gas emission of pastoralism is lower than combined extensive/intensive livestock husbandry：a case study on the Qinghai－Tibet Plateau of China [J]. Journal of Cleaner Production，147：514－522.

后　记

值此书稿即将付梓之际，回首写作历程，感慨良多。在写作过程中，课题组曾多次集中研讨、交流与修改，团队成员提出了许多宝贵的修改意见，在此表示感谢。同时，要感谢国内外理论工作者的辛勤劳动，他们宝贵的劳动成果使笔者在撰写本书的过程中开阔了眼界、增长了见识。

本书的研究和出版得到了内蒙古肉羊产业技术体系、内蒙古大学时间利用调查与研究中心和内蒙古自治区人口战略研究智库联盟等平台的支持，教育部霍英东教育基金会高等院校青年教师基金项目"草原确权颁证政策对牧民生产性行为影响评估研究"（编号：17108）、国家自然科学基金项目"产权激励还是围栏陷阱？草原确权颁证对牧户草地管护、投资及流转的影响评价研究"（编号：71863026）、时间利用调查与研究平台建设项目和内蒙古肉羊产业技术体系产业经济专项的经费资助，在此一并表示感谢。

随着对数据的熟悉和研究的深入，有很多重要话题及闪光点都未能呈现在本书中，由于笔者研究水平有限，难免存在疏漏和不足之处，恳请学界同仁及读者批评指正，共同推进该论题的研究向纵深发展。